AF276467

CENIZAS BAJO LA NIEVE

Renée Seillé-Aubac

CENIZAS BAJO LA NIEVE
Montgarri, 1954

Traducción de
ANTONIO ARTURO CALBETÓ CALBETÓ

Título original en francés: *María de las Nieves*
Texto de Renée Seillé-Aubac
© Editions Privat y Renée Seillé-Aubac, 1971

© del texto: Renée Seillé-Aubac, 1971 (ver declaración de los responsables de la presente traducción al final del libro)
© de la traducción: Antonio Arturo Calbetó Calbetó, 2025
© de esta edición: Milenio Publicaciones S L, 2025
Sant Salvador, 8 - 25005 Lleida (España)
www.edmilenio.com
editorial@edmilenio.com

Primera edición: agosto de 2025
ISBN: 978-84-19884-90-9
DL: L 488-2025

Impreso en Arts Gràfiques Bobalà, S L
www.bobala.cat

Printed in Spain

Prólogo del traductor

María de las Nieves, de Renée Seillé-Aubac, es un relato novelado de la vida en la primera mitad del siglo XX de los habitantes del caserío de Montgarri, también conocido como "Cases deth Dossau". Relato en que la protagonista, María de las Nieves, hija de una de las casas más antiguas y sobresalientes del caserío, la casa Feriba (o Eriba), rememora con nostalgia, aunque también con un sentimiento de liberación, los años pasados en el caserío junto con su familia, los acontecimientos que jalonaron su vida y le dejaron un recuerdo imborrable.

Tal vez será necesario durante la lectura considerar que el relato está basado en la memoria de una niña de doce años, que a su vez transmite también hechos que ha oído contar a sus mayores, factores ambos que pueden llevar a una cierta distorsión de la realidad, ampliada todavía más por los tópicos que sobre España se tenían en la Francia de la época, a los que la autora del relato no es totalmente ajena.

A lo largo del libro, la autora intercala entre los diálogos de los protagonistas y describe con maestría y detalle los paisajes del entorno con un lenguaje poético y extremadamente bello. Contiene párrafos de una gran emotividad, como cuando describe la definitiva marcha de Montgarri de la familia Feriba en el momento del cerramiento definitivo de la casa.

Destaca también la profundidad en la descripción psicológica de algunas personas como es el caso de tía Anna.

Nos transmite así mismo el conocimiento de una forma de vida hoy desaparecida en nuestras latitudes con referencias a las tradiciones ya las costumbres ancladas en el pasado, con especial incidencia en el papel de la mujer en la sociedad rural de aquella época. El lirismo y la emotividad del relato conducen en alguna ocasión a la exageración y cierta truculencia que por otra parte lo enriquecen.

El propio conocimiento del traductor y los testimonios orales consultados que vivieron en esa época en Montgarri nos llevan a dudar de algunas afirmaciones de la autora en lo referido a la miseria, la exigua vestimenta y la falta de calzado de sus habitantes (se incluyen documentos gráficos incluso anteriores a 1950 que demuestran lo contrario y que con todo respeto a la creación literaria nos permitimos poner de manifiesto). Observamos ciertas exageraciones en las diferencias de altitud de los pueblos citados, Salardú, Bagergue y Vielha respecto a Montgarri. El relato en varias ocasiones sitúa a uno de los protagonistas en Murcia a la que se ubica en Andalucía como si fueran una misma cosa. Al referirse a Montgarri dice que el pueblo (nunca fue tal) se remonta a "la noche de los tiempos" cuando está demostrado documentalmente que las primeras casas datan como máximo del siglo XVIII.

Observamos en la toponimia errores, tal como "Lles", cuando creemos que se refiere a Tredós o Salardú. En uno de sus párrafos sitúa a Vielha antes que Gessa siguiendo el curso del Garona viniendo de Montgarri. Creemos que debe referirse a Salardú o Tredós.

Al margen de todo lo expuesto y a criterio del traductor, su lectura es un verdadero placer para los amantes de la literatura y del conocimiento del pasado de nuestro valle.

Afortunadamente, las campanas de Montgarri vuelven a difundir su hermoso sonido, al menos dos veces al año, el 2 de julio en la "Pregaria" y el 15 de agosto, fiesta de la Virgen, gracias al impulso de Amics de Montgarri y a la generosidad de los vecinos de Pujòlo.

La publicación de esta traducción no habría sido posible sin la imprescindible colaboración y aliento de Enrique Vidal Vidal y las consideraciones sobre léxico y recomendaciones generalistas fruto de una prelectura por parte de Carmen Estrada Coll, a ambos mi más profundo agradecimiento.

Cenizas bajo la nieve

En una de sus cartas, el gran novelista Henri Bosco me hizo saber confidencialmente su próxima partida a España. Tenía proyectado pasar algún tiempo en una pequeña posada andaluza para evadirse del infernal ruido de la ciudad y reencontrar la calma que exige el trabajo absorbente de un escritor.

—La inspiración solo se desarrolla en el marco de un ambiente tranquilo y bajo un cielo sereno —dijo él.

Por las últimas noticias, he tenido conocimiento que mi correspondiente y amigo había ya partido para Andalucía; descansaba en la huerta en medio de campos de naranjos en los alrededores de Sevilla. El nombre lleno de poesía de la modesta Hacienda Nuestra Señora de la Luz me hacía soñar.

Releyendo sus novelas, me doy cuenta en efecto de que solo describimos bien lo que hemos visto u oído contar por el interesado. Bosco es el amante de la verdad; siente la necesidad de estar en el lugar para registrar y extirpar hasta sus raíces la sustancia más preciosa de su inspiración. Yo siento como él, desde siempre, un amor inmortal por la tierra española. Cuando se vive a algunos kilómetros de sus fronteras, la atracción de la península se torna irresistible.

En este día claro y puro de finales de otoño, la casualidad me condujo a un rincón salvaje y delicioso del Valle de Arán, a dos pasos de la aduana española donde un camino bastante malo me arrastra a ciegas lejos de cualquier población con mi grande y confortable caravana. A la orilla de un bosque de robles y hayas discurre un torrente que desciende al fondo de una garganta profunda desde lo alto de los macizos de nieves eternas. La canción del agua corriendo da más encanto a la soledad; he dicho que buscaba la calma de un lugar aislado para librarme a mi pasión de escribir.

El cambio sería completo, si no hubiera tenido que llevar conmigo para estas pequeñas vacaciones al aire libre a mi joven sirvienta y a mi perro, mis dos compañeros de las horas solitarias en la ciudad y en el transcurso de mis paseos dominicales. Mi pequeña e intrépida sirvienta tiene exactamente la edad de reír y de cantar para alegrarme con su presencia; ella sabe muy bien también hablar o callarse, cualidad muy apreciable para la salvajilla que soy yo.

Instalada a la sombra, bajo el sobradillo de mi casa móvil, delante de mi mesa, imagino ideas relativas de mi "territorio de caza" a la sombra de los matorrales, bajo el arco iris que traza en arco el agua burbujeante del torrente Noguera que el viento que baja de las cimas dispersa por el aire a nuestro alrededor. Miles de diamantes se posan sobre el tallo de los helechos y sobre las hojas todavía vírgenes desplegadas ante mí.

En la pradera en flor, las últimas mariposas, embriagadas del sol, se dejan caer como hojas muertas; las grandes y magníficas mariposas de montaña atraídas por el agua, la miosotis salvaje y la genciana azul, habrán acabado su corta vida antes de la noche: flores delicadas de las montañas y crisálidas apenas eclosionadas.

Las variaciones de temperatura son muy duras para estas joyas tan frágiles del otoño.

Un riachuelo sin duda cansado de hacer rodar sus aguas sobre las rocas y aspirando a la libertad, se ha escapado del lecho de su madre, el Noguera, para abrirse un camino en el terciopelo de la pradera por la que se desliza sin ruido sobre un fondo de arena pizarrosa. Atraviesa "nuestro prado", se disimula entre dos setos de avellanos y de saúcos; los collares de coral de la cuscuta trepan hasta el más alto de los resalvos y descienden para mirarse en el agua clara que apenas oímos murmurar sobre las piedras. Allí donde el riachuelo llega a tierra española, algunos pescadores venidos de Francia, muy temprano, esta mañana, interrumpen nuestra quietud. Nuestro perro va a alertar con sus ladridos a las truchas de fino oído, lo que no gusta nada a mis compatriotas. El pescador ama también el silencio como vos, mi amigo Henri Bosco, que habéis ido a buscarlo en el fondo extremo de España.

La inspiración es lenta en manifestarse. Mi papel está todavía virgen. María de Neiges, en español "de las Nieves", a la que yo llamo simplemente Marinette, acaba de disponer a algunos pasos, sobre el velador de mimbre, un magnífico ramo de campanillas y de gladiolos salvajes que ha recogido al borde del riachuelo.

—¿Puedo servirle su mate, señora? —dijo ella arreglando las flores en un vaso rústico.

—Sí, Marinette, muy bien, mi cabeza está demasiado colmada de ideas, estoy muy distraída en la contemplación de este bello paisaje para desbrozar todo lo que tengo ganas de escribir; el mate tal vez esclarecerá mi espíritu.

La joven me volvió la espalda y fijó intensamente su mirada en los márgenes escarpados del Noguera, el hermoso torrente salvaje de donde se escapa el arroyo que serpentea a través de "nuestra pradera".

El agua tumultuosa desciende de los picos, siempre cubiertos de nieves eternas, casi en vertical a tres mil metros por encima del valle. Marinette de pronto se puso frente a mí y, con voz trémula en la que yo adiviné una sombra de tristeza, me hizo conocedora de que ese arroyo atravesaba el pequeño pueblo donde ella nació, en el límite de los glaciares y el cielo.

—Si yo supiera decir las cosas como usted, señora, contaría cómo pasé ahí abajo mi infancia y cuánto fue penosa la vida que conocieron mis antepasados en sus casas colgadas en las rocas. Me gustaría mucho que usted escribiera todo lo que recuerdo todavía, usted haría una bella y terrible historia, una verdadera novela, y los que están todavía en este mundo podrán testimoniarlo. Es la historia de lo que pasó antes de mi nacimiento, así como durante mi infancia, que no he olvidado.

"Imagine, señora, la vida de una aldea de una docena de casas, con los tejados de paja, apretadas las unas contra las otras a dos mil quinientos metros de altitud, donde

12

los niños hormiguean como conejos en la madriguera y llevan una vida salvaje, en pleno siglo en el que estamos.

—Bueno —dije yo—, vamos por tu historia, Marinette, te escucho y partamos desde el principio.

La joven se echó sobre la hierba y poniendo la cabeza sobre los codos, reflexionó un momento:

—Antes que nada, debo decirle lo que mi padre y los abuelos de mi padre sabían del nacimiento de nuestro pueblo, esto no es una leyenda, es una verdadera historia consignada en antiguos libros y documentos que explican la creación de Montgarri.

Mientras que los reyes moros hacían construir sus soberbios palacios en todo el sur de España, por sus esclavos, vencidos y maltratados, estos no tenían más que un deseo: abandonar a sus crueles señores y correr hacia la libertad.

Partieron, siguiendo los pasos de los ejércitos de los conquistadores que progresaban hacia el norte de Iberia. Los Pirineos pararon su avance; llevaban consigo hermosas jóvenes secuestradas a sus familias durante su paso por los pueblos. El verano florido sobre las cimas ofrecía sus maravillas al pequeño grupo de emigrados a los que el sol ardiente pero engañoso recordaba el de Andalucía, donde, bajo el látigo, construyeron los palacios y las mezquitas que deslumbran todavía hoy a los admiradores de España. Ellos edificaron sus hogares, en esa época, una treintena de refugios de piedra seca: era su primera primavera.

Después como fieles adoradores de Alá construyeron una mezquita cuyo minarete dominaba el pueblo a con-

13

veniente distancia. Antiguos esclavos o proscritos, amantes de la libertad, tal vez desertores de los ejércitos sarracenos, esos hombres rudos debieron soportar, durante siete meses del año, los sufrimientos de una existencia de las más dolorosas, por los fríos polares. Arrancados por sus señores al continente africano, trasplantados bajo la dulzura del cielo y del clima de Andalucía, muchos perecieron de frío durante su primer invierno en el macizo de la Maladeta. Los más fuertes, resueltos a soportarlo todo para salvaguardar su querida libertad, se aclimataron, transformaron sus casas en verdaderos fortines contra los elementos con paredes de más de dos metros de espesor; sus compañeras nacidas en las rudas planicies de Castilla resistieron. De la mezcla de esas sangres, nació una raza de niños vigorosos.

Las jóvenes cautivas dieron a conocer a sus dueños lo que sabían de la vida bajo el rudo clima al que ellos no estaban acostumbrados; los jefes más audaces, prestos a todo, organizaron razias entre los rebaños abandonados todo el verano en la montaña y "visitaron" los graneros del valle; trajeron mulas y eso fue su primera fortuna. Nacían numerosos niños, pero las tres cuartas partes morían faltos de cuidados. Las generaciones subsistieron a pesar del frío inhumano de las cimas; el número de emigrados se redujo a una docena de familias. El padre de mi padre tenía la reputación de haber sido el hombre más guapo de las montañas del entorno y su hijo heredó esta reputación bien merecida. Las esposas y las jóvenes, dóciles por otra parte, rechazaron adoptar la religión del Profeta, y los tibios musulmanes se separaron poco a poco de su mezquita; la cruz brilló pronto en la cúspide del minare-

14

te. La vida se organizó, las mujeres vivían en reclusión, obedientes en este aspecto a las leyes del Profeta. Solo los hombres del pueblo tomaron el camino que bajaba al valle; las mujeres no pusieron en él sus pies hasta mucho más tarde.

Usted conoce a mi padre, y también la raza de los moros que nos transmitieron el oscuro color de la piel, los ojos y el cabello negros y una salud de hierro; nadie ahí arriba había bebido más que el agua del Noguera y comido una sobria alimentación; a los hombres les costó mucho aclimatar algunos granos y legumbres que brotaron sobre la tierra, que disputaron metro a metro a las rocas y a la nieve.

En la vertiente de la Bonaigua, en el puerto, la nieve cayó hace ya un mes, podemos apreciar desde aquí las manchas blancas en la cima. Es al otro lado al fondo del valle de Esterri, en el que mi madre nació de padres de pura raza catalana.

Muy pronto colocaron a su hija como camarera en una rica familia de Barcelona. Mi madre era muy guapa, rubia, de ojos azules, y una tez que ha conservado y que ninguno de sus hijos ha heredado. La raza rubia es poco frecuente en España. Ella conservó su timidez y su dulzura desde que dejó a sus padres para seguir a sus señores. Su pena tardó mucho tiempo en apaciguarse. Sus protectores fueron pacientes y comprensivos, trataron de distraerla por todos los medios. Esa gran señora vive todavía a pesar de su avanzada edad y mi madre recibe cartas de ella que la hacen llorar.

La historia propiamente dicha de mi familia comenzó un domingo durante el verano. Los señores de mi madre partieron de Barcelona en coche conducido por su chofer, a fin de hacer un paseo por Francia, llevando siempre a Isabel (es el nombre de mi madre) en todos sus desplazamientos. Un incidente mecánico obligó a los viajeros a hacer un alto en Vielha. Tuvieron que pasar algunos días en la pequeña villa española en la que la fiesta del quince de agosto estaba en pleno apogeo, lo cual no contrarió a los ciudadanos. Estas celebraciones atraían a los forasteros y los habitantes de los pueblos vecinos que abarrotaban las calles adornadas hasta altas horas de la noche, en medio de cantos y bailes.

El buen tiempo incitaba a la juventud a pasear bajo la luna. A regañadientes, Manuel Cónsul se aprestaba a retomar el sendero de montaña para regresar a Montgarri, su pueblo, después de haber hecho algunas compras, cuando vio sentada a la mesa de una pequeña fonda al lado de un matrimonio foráneo, una joven deslumbrante bajo el sol, que hablaba y sonreía poniendo al descubierto una soberbia dentadura. Se paró maravillado, pues no había visto nada comparable a esta jovencita. Se apoyó en la pared de la casa que estaba en frente a la fonda, después se dejó deslizar sobre los escalones, en éxtasis, y no quitó los ojos de encima de la rubia aparición. Su conducta no escapó a la vista de la pequeña sirviente ni de sus patronos, que se fijaron en el joven de pelo y piel morenos vestido con el traje de los pastores de alta montaña. Les pareció muy atractivo a pesar de su aire salvaje; su alta talla era excepcional en el país. Manuel pasó el resto del día dando vueltas alrededor de la fonda, con la esperanza de acercarse a la joven adolescente, que parecía muy vigilada. Ya no pensaba más en la noche que caía sobre el valle, ni en la gente de su pueblo que esperaban, ahí arriba, los medicamentos urgentes y los recados que le habían encargado. Nunca Isabel fue objeto de semejante admiración; ello no tenía nada de extraordinario, porque ella no salía jamás sola. Vino la hora del "paseo", las guirnaldas de las bombillas eléctricas con los colores de España iluminaban la plaza en la que pronto iban a sonar los aires de la Cobla Catalana llegada el día anterior de la Costa Brava.

Manuel, obstinado, seguía esperando pacientemente sentado delante de la fonda que el cielo tuviera piedad de su sufrimiento.

Toda la gente que había abandonado sus pueblos se encontraba reunida alrededor del estrado construido con algunos tablones apoyados sobre barriles en el que estaban instalados los músicos. Los señores de Isabel tomaron asiento alrededor de una mesa para presenciar el baile. Una alegría salvaje iluminó el rostro de Manuel apostado a algunos pasos de ahí. La joven no bailaba, e incluso rehusó en numerosas ocasiones seguir a los jóvenes que la invitaban. Manuel temblaba cada vez que uno de esos descarados se le acercaba y respiraba, aliviado, cuando el bailador, despechado, se marchaba después del rechazo. Como todos los españoles adoraba el baile, pero no era experto en esos ejercicios y no habría osado nunca acercarse a la fonda de los forasteros. Cuando se produjo un milagro, el dios del amor tuvo piedad de él: de pronto alguien le tocó en la espalda, se sobresaltó y, volviéndose, reconoció a uno de sus primos. Este llevaba con orgullo el traje y la gorra de chofer de una casa importante. Des-

17

pués de los abrazos y las congratulaciones, el primo, muy avispado desde que conducía el coche de gente adinerada, arrastró a Manuel hasta la mesa de sus patronos y se lo presentó. Divertidos y conscientes de la conducta de ese "campesino del Danubio", le invitaron a sentarse. Isabel, enrojecida, examinaba a escondidas a este admirador tan mudo como ella. El primo se lo tomó con mucho celo, de modo que Manuel, con el apoyo celestinesco de su pariente, siguió hasta el día siguiente y prolongó todavía más su estancia. Algunas semanas más tarde Isabel y Manuel se casaron en Esterri. Ningún miembro de la nueva familia bajó de Montgarri: a pesar de ello, Manuel explicó a sus suegros que la costumbre requería que los padres del recién casado esperaran a la novia en su nuevo hogar.

Mi padre, quince o veinte años mayor que mi madre, sintió más arrogancia y orgullo de su conquista que amor verdadero por esa joven que parecía frágil y delicada: se sentía un poco humillado e inquieto por la idea de llevar al pueblo una joven del valle a la que no le sería nada fácil vivir como las montañesas nacidas a dos mil metros de altitud y en donde debería compartir los duros trabajos algunas semanas más tarde; no había hecho más que servir en una hermosa casa de la capital. ¿Sería lo suficientemente valiente para arrostrar la dureza de sus cuñadas?

Isabel y su marido, empujando ante ellos la mula cargada de cajas y de sacos que contenían el ajuar de la recién casada, dejaron la carretera para atacar el abrupto y devastado sendero por la intemperie, que debía conducir por primera vez a mi madre, después de tres horas de penosa marcha, hasta el pueblo de las nieves. Manuel no tuvo necesidad de animar con la voz a la mula cuyos hábiles pies evitaban las piedras y los esquistos, la bestia conocía bien su camino, puesto que esta acompañaba siempre a su dueño a Vielha. Esa mañana el animal sufría bajo la carga y ralentizaba el paso, oliendo con sus húmedas fosas nasales los olores desconocidos que se escapaban de los baúles que le obligaban a llevar, y que impregnaban también los vestidos de la recién casada. Isabel se paraba a menudo, resoplando desesperadamente, pero no se atrevía a quejarse. Desde el primer momento, como lo hacen los niños impacientes, preguntaba en cada curva del camino "¿llegaremos pronto?". Manuel, que no había aprendido a mentir, recordaba sin cesar a su joven compañera algunos sabios consejos. Esta se asombraba al ver a su esposo marchar delante de ella a una cierta distancia, sin ofrecerle ayuda en ningún momento.

—No hables tanto, Isabel, ello te fatiga más que el andar, y todavía tenemos más de dos horas de camino, si eres valiente.

Después de una hora larga de camino, molida, Isabel se dejó caer al borde del arroyo que bordeaba el abrupto sendero y pidió de beber a su marido. A pesar de la insistencia de la joven, este se mostró intratable. En numerosas ocasiones, probó sin resultado de ablandarlo, reclamando solamente un poco de agua en la palma de la mano.

Solicitó refrescar sus pies doloridos por la marcha con las sandalias de cuerda que el granito destrozaba. Los deslizamientos la hacían titubear, y se asía con avidez a las ramas bajas de los alerces que abofeteaban su rostro inundado de sudor. Él no se volvía para mirarla y únicamente le tendía una mano auxiliadora en los pasos difíciles; Isabel no osaba llamarlo. Él le hablaba mientras caminaba, el cuerpo curvado hacia delante, la cabeza baja, con el paso seguro y lento de los pastores de la montaña. La mula conocía el camino y abría la marcha sobre un sendero por el que Dios no había pasado nunca. La tierra quemaba y los fragmentos de pedernal hacían brotar chispas bajo las herraduras de la bestia... y esta agua cuyo deseo la hacía desfallecer, corría como un arroyuelo a algunos pasos, la oía cantar bajo las piedras, agua azul y transparente, apresurada para reencontrar el río Garona, abajo, en el valle. Manuel se paró y vio a Isabel apoyada sobre una roca que quemaba bajo el calor del sol. Ella esbozó una pobre sonrisa... y oyó hablar a Manuel, un poco como en un sueño en el que ella no participaba.

—Es nuestro río —le dijo—, atraviesa el pueblo y desciende directamente de los neveros; el agua está helada a lo largo de todo el año, y la mula prudente tampoco se acerca. Beberemos ahí arriba. Nuestros antepasados nos han enseñado muchas cosas, pues nunca hemos tenido médico en Montgarri: es la experiencia la que nos enseña. Nuestros ancestros, los que fundaron el pueblo, trajeron plantas y los más sabios brujos supieron utilizar las de nuestras montañas.

Después de este instante de reposo, retomaron el camino un poco más asequible. Isabel admiraba los maravillosos tallos floridos de las campanillas violáceas de la digital que brota en los bordes del lecho escarpado, agarradas al granito que chapotea la oleada en pleno descenso del arroyo.

Sobre las flores las gotas de agua centelleaban bajo el sol como diamantes, y las locas libélulas de alas rojizas y azules rozaban el agua con su vuelo saltarín. La joven se extasiaba con la dulzura del aire en el bello bosque del otoño, de maleza que no tenía tiempo de admirar, puesto que no podía retrasarse. La noche caía rápidamente en esa estación y el tiempo cambiaba muy deprisa también. De lo alto del cielo puro, sobre las cimas españolas, pueden descender en algunos minutos espesas nieblas, precursoras de tormentas terroríficas. Isabel, que se asustaba al más pequeño trueno casi sin eco en el llano, temblaba solo con la idea de que ellos podrían acabar con un huracán más terrible en la montaña.

Bajo el golpe de la amenaza, encontró nuevas fuerzas y se apresuró a alcanzar a su marido, cuyas sólidas piernas de escalador no debían sentir nunca el cansancio. Avanzaba siempre como una autómata, sus pies se habían vuelto insensibles a los calambres y heridas de los esquistos separados. ¡Si tan siquiera hubiera podido alzarse sobre la ancha grupa de la mula! Pero la desgraciada bestia llevaba una carga inhabitual y tropezaba a menudo. Isabel tenía sobre todo vergüenza de mostrarse blanda delante de este hombre que apenas conocía.

A la partida, Manuel le hizo observar que llevaba demasiados objetos que le serían inútiles ahí arriba pero Isabel, esa joven entestada, deseaba conservar los regalos que le habían ofrecido sus amigos.

Andaban con más y más dificultades y Manuel entonces cogió a su joven esposa de la mano; al fin dejaron las orillas del Noguera y la mula escaló en línea recta a través de los últimos abetos y las hayas raquíticas. A partir de ahí ninguna conífera resiste a esa altitud. Dieron la vuelta a las rocas cubiertas de hierbas deslizantes, de plantas grasas con tallos rastreros pegados a las rocas: el "gispet" al que temen tanto los alpinistas, los cazadores de rebecos y los contrabandistas.

Bajo sus pasos el conejo huidizo, y las perdices de las nieves alzaban el vuelo por bandadas enteras para refugiarse en los arbustos rojizos de los arándanos, exquisitos para ellas.

Las nubes dejaban caer sus capuchas sobre las crestas, que parecían retroceder para escalar el cielo a medida que avanzaban.

—Un silencio precede siempre a las tormentas en la montaña —decía Manuel a Isabel, que, ya aterrorizada, no oía más que el paso de la mula y la caída de rocas en descomposición arrancadas al paso de la bestia y los viajeros. Llegaron al fin a la cima de un pico; el cielo se vació de pájaros y en los bojs gigantes los cantos cesaron.

Manuel se paró y con el brazo tendido señaló con el dedo a su compañera, casi en la línea del horizonte, destacarse sobre un llano una gran piedra izada, iluminada todavía por el sol poniente, y que colgaba reflejos de amatista transparente bajo los rayos oblicuos.

—Es la "piedra de los perdidos" —dijo él con tono solemne—; cuando un imprudente se extravía demasiado lejos del pueblo en invierno, en plena tormenta, la piedra tiene siempre la frente fuera de la nieve. Los hombres, que antaño mostraban más valentía que nosotros hoy, transportaron esa enorme roca sobre la árida cima para que su bloque de basalto negro pudiera verse a dos kilómetros de distancia.

"La leyenda narra que el arcángel san Miguel hizo brotar, hurgando la tierra con su espada, esta roca que se levanta ahí arriba en la soledad, para velar por los habitantes del pueblo, y guiar a los que no encuentran la dirección de la aldea. Retoma coraje, Isabelita, estaremos en La Feriba en algunos minutos. Sobre todo, no dejes que se muestre tu cansancio delante de nuestros parientes.

¿Cómo y a quién Isabel podrá disimular su lasitud? Sus pies sangrientos, sus rubias mechas empapadas de sudor y su cara quemada por el sol revelarán su agotamiento. No se atrevió a preguntar "quién" estaría ahí abajo para recibirlos en la casa de su marido.

La mula atravesó el pequeño puente de tablones mal escuadrados y toscamente ensamblados que encaballaba el Noguera, exactamente delante del antiguo santuario. El arroyo se deslizaba la mitad de ancho que en su curso inferior, y reflejaba la torre hexagonal del edificio religioso y de la linterna que se erigía en el cielo donde brillaba la cruz.

El pueblo se extendía sobre la altura. Todo le parecía siempre más alto a la recién llegada. Llegaron por fin al único callejón excavado de roderas en el que las casas, más bien cabañas, estaban colocadas un poco según la fantasía de los habitantes; parecían abandonadas, bajo sus tejados de paja. La minúscula aldea contaba como máximo una docena de fuegos y dos o tres casuchas que caían arruinadas. Pocas aberturas las iluminaban, pero las paredes de piedra seca desafiaban los huracanes por su espesor. Completamente extenuada, Isabel miraba atónita estos amontonamientos de granito que diferían apenas de las rocas grises en medio de las cuales fueron edificados.

Tenía un único deseo: entrar en una de las viviendas, la primera que encontrase, y dejarse caer sobre una cama.

Para exponer todavía a la desgraciada joven a una más dura prueba, La Feriba, la casa de Manuel Cónsul, se erigía al otro extremo del pueblo.

Después del puente del Noguera los perros que seguían a la montura y a la insólita pareja iban en silencio a olisquear el vuelo de la falda de la extranjera; la mula relinchó para anunciar a sus hermanas su vuelta y estas respondieron en eco en la cuadra.

La casa en la que el animal se paró, le pareció a Isabel la menos miserable de todas. Tenía un piso alto y un tejado de pizarras cortadas a mano en la cantera de esquistos, explotada para las necesidades del pueblo a dos pasos de Montgarri. La pizarrería rica en espesos filones estaba muy lejos para los habitantes del fondo del valle.

Isabel se acordó de que su marido vivía en el hogar paterno con muchos de sus hermanos y hermanas.

—Sé amable —le dijo él— y no te muestres arrogante.

La examinó minuciosamente de pies a cabeza casi con severidad; pareció a la joven mujer inquieta que la actitud de su marido y el timbre de su voz como por un efecto de magia cambiaban bruscamente. Se irguió, su corazón se rendía y tuvo ganas de salir corriendo a pesar del frío y la noche que ensombrecían el pueblo. El camino que bordeaba el riachuelo, con su voz terrorífica, la asustaba menos que este recién casado tan guapo que ella ya no reconocía.

En vez de entrar directamente en la casa este la cogió de la mano y la hizo entrar en la cuadra que se encontraba, como todos los establos del pueblo, al otro lado del camino, frente al habitáculo de los dueños, los cuales solo tenían que hacer cuatro o cinco zancadas para ir tarde y mañana a cuidar sus vacas y ordeñarlas. Manuel estaba orgulloso de poseer las más hermosas lecheras de Montgarri, Isabel debía sentirse honrada con su nueva riqueza. Era el último esfuerzo que le imponía su marido; ella hubiera sido incapaz de dar un paso más y se apoyó contra un montón de sacos.

En la sombra del establo una pobre luz descendía por algunos nichos estrechos taladrados en la pared de más de un metro de espesor.

Isabel, sofocada por el fuerte olor del ganado, aterrada por los mugidos de las bestias espantadas, se asió con fuerza a la chaqueta de su marido y tardó mucho en acostumbrarse a esa semioscuridad.

En su pequeña villa no se acercaba nunca al ganado con cuernos, que admiramos en los ruedos en la época de las corridas. Consideraba a los toros, e incluso a las vacas, como bestias feroces, salvajes y peligrosas.

Cuando volvieron a estar delante de la casa, las hermanas de Manuel descargaron los cestos colgados en los flancos de la mula. Estas muchachas jóvenes corrieron a reunirse con su hermano mayor y se escondieron detrás de él, curiosas e intimidadas por la mujer que este último traía de la parte de abajo del valle y que parecía tan joven como ellas. Los más mayores esperaron que se descargara el animal para encerrarlo en el corral. Manuel hizo avanzar a Anna, su hermana mayor, que representaba "la autoridad" en la numerosa familia, imitada por sus hermanas Julia y Teresa. Anna apretó en sus brazos a su pequeña cuñada, a la que hizo entrar en la cocina. Sobre la larga mesa que ocupaba el centro de la pieza, el baúl y las maletas se encontraban ya vacías de su contenido. El paraguas de seda con mango dorado adornado con cordones, regalado a Isabel por su patrona y del que no se separaba nunca, era entonces objeto de disputa entre los niños, que intentaban en vano comprender para qué servía ese bastón vestido de seda negra. La joven esposa, inquietada al ver sus pertenencias maltratadas de esa forma, intentó recuperar la posesión de su paraguas, pero los salvajes huyeron tirando a quien más pueda del mango. Para Isabel el asombro dejó lugar a la ansiedad: sus cuñadas abrían las cajas de sus pequeños secretos y trajinaban sin precaución los vestidos y la ropa de su ajuar.

Incluso Manuel estaba muy orgulloso de las pobres camisas adornadas con encajes de la pequeña ciudadana, que representaban aquí para todos una lencería lujosa. Nunca las habían tocado ni visto de tan cerca. Algunas risas estallaron cuando descubrieron un par de finos zapatos de color, que pasaron de mano en mano. Todas querían probárselos, pero ninguna de las niñas alcanzó a deslizar en ellos sus desnudos pies.

Habitualmente (ella tuvo la prueba más tarde), todos andaban con los pies descalzos durante el verano. Un silencio sorprendió a Isabel: Teresa examinaba con curiosidad dos pantalones adornados con encaje. Aquí, nunca ninguna mujer había llevado ropa interior de esa clase, no lo comprendían...

26

Finalmente, Manuel, superado, empujó a todos y volvió a poner con desorden las medias y las ropas en las maletas con sus gruesas y callosas manos y pidió con sequedad a Anna que le trajera deprisa un vaso de agua fresca y anís a su mujer. Reunió los equipajes y los llevó a la habitación de la primera planta, donde Isabel, que le seguía, descubrió al fin en el claroscuro de la pieza una gran cama provista de tantos edredones de paja de avena que tuvo que subir sobre una silla para estirarse en ella.

Después de la fatiga y la humillación que sufrió viendo su ajuar expuesto a la curiosidad y a las mudas críticas, y la pena que le causó la fría recepción, a pesar de todo ello quiso escondérselo a su marido. Le sonrió, él no se dio cuenta de sus ojos enrojecidos de lágrimas, pero con una dulzura de la que ella no le hubiera creído capaz, le recomendó dormir un poco; él vendría más tarde a buscarla para presentarla a sus amigos. Salió sin hacer ruido. Estas palabras de sosiego trajeron un poco de aliento y valor a la desgraciada, que sentía poco a poco que sus miembros doloridos se distendían sobre esa cama que iba a convertirse en "su cama". Echada sobre el cubrecama tejido por las mujeres, demasiado nerviosa para dormir, examinaba las vigas negras del techo ahumado de esta habitación que sería de ahora en adelante la suya. Suspendidos en las vigas del techo, se secaban ramilletes de plantas de montaña desprendiendo un perfume de lavanda y de tomillo salvaje. A pie de la cama, frente a ella, destacaba un armario para ropa de cama, entre dos estrechas ventanas desde donde la vista se extendía a lo lejos, hasta el límite del cielo. Sobre las nevadas cimas, marcas de aludes cicatrizaban esta blancura, entre dos bosques de alerces negros, que se podría decir que habían sido recortados por el golpe de una hoz gigante.

Isabel quedó insensible a la majestuosa grandeza de ese paisaje, incapaz de apreciar la belleza o la fealdad: su corazón y su alma, desanimados, se cerraban a cualquier sentimiento.

Al otro lado de la habitación un péndulo de cobre brillaba dentro de una alta caja esculpida de un muy viejo reloj de péndulo, único objeto animado por el movimiento de sus engranajes de madera dentada. Como para desearle la bienvenida a la casa, la sonería de timbre lento y dulce resonó; Isabel sintió una extraña emoción: el corazón del viejo reloj de péndulo latía al unísono con su corazón. No creía en los presagios, pero se sintió impresionada por esa canción de las horas que la acogía, y que estaría siempre de allí en adelante, para marcar en su vida de joven esposa los acontecimientos alegres o tristes.

La joven no quería pensar en ello, la mirada enturbiada no distinguía más que el sol de oro grabado sobre el cobre del péndulo, y a lo lejos, por la ventana, el astro vivo del día cuyos últimos rayos se demoraban sobre los glaciares enrojecidos. El ruido del reloj repercutía en sus sienes doloridas. El sueño empezó a pesar sobre todo su ser y no encontraba la fuerza para resistirlo.

Repentinamente, en medio del silencio, las horas sonaban de nuevo en mayor número, eco repetido en otro rincón de la casa. Con la brisa de la noche entró por la ventana la llamada del carrillón del santuario.

Isabel tuvo apenas tiempo de descansar, cuando un ruido de pasos y exclamaciones se dejó oír ya en la calle.

Los gritos le llegaban, voces fuertes y ruidosas, entre las cuales reconoció, sin equivocarse, la de Manuel, él iba a venir. Se puso a temblar, pues debía bajar y ofrecerse a las miradas de toda esa gente en la vasta cocina de techo bajo y ahumado. ¿Serían ellos más afables que los hermanos y hermanas de su marido? Saltó de la cama, queriendo estar lista cuando él apareciera delante de su puerta. Rehízo su trenza y la prendió con alfileres con cuidado, estiró los pliegues de su vestido y se calzó. Sus pies la hacían sufrir todavía, pero caminó sin gestos junto a Manuel, que avanzó hacia ella.

Bastante más pequeña que su marido (su frente llegaba apenas a la altura del mentón prominente de este) hizo el movimiento de enderezarse sobre la punta de los pies para abrazarlo, pero él desatendió el gesto. Ella quiso creer que él no había comprendido el significado. Casada desde hacía apenas dos días, se sorprendió de lo que le parecía una falta de ternura. Sin embargo, ello era habitual en los pueblos de montaña.

Los jóvenes toman esposa; acabada la ceremonia, los hombres vuelven a sus trabajos. La esposa no debe esperar ni cumplimientos ni caricias. Una numerosa prole representaba el único lujo podían ofrecerse las pobres gentes en todos los países del mundo. Las casas albergaban de media ocho o diez niños y si Dios no quería dejar apagar los fuegos del pueblo (muchos jóvenes emigraban ya), sería necesario que proveyese uniones fecundas.

Los niños partían de buena mañana en alegres grupos, proveídos de sacos para hacer la cosecha de bellotas que las mujeres asaban bajo la ceniza, y después lo convertían en harina que mezclaban con algunos granos de café, artículo raro y caro en esa época.

Enseguida llegaba el tiempo en que bajo los tejados de paja se almacenaban las legumbres y los cereales. Los hombres iban a buscar las provisiones a tres horas de caballería en la parte baja del valle de Vielha, por turnos, para preparar los inviernos prematuros e interminables. Entonces era el fin de las salidas; cada uno se aislaba en su casa, la estación de las nieves duraba siete meses y retenía a los habitantes alrededor de las chimeneas, en las cuales quemaban los leños de reserva guardados en los patios y corrales de las casas. Al caer la noche, la cena frugal fue pronto despachada, los niños subían a acostarse sobre los jergones de hojas de maíz que compartían, rendidos de sueño, tres o cuatro hermanos y hermanas. Los pequeños ejecutaban durante las cortas horas del día penosas tareas para ellos, aportar al hogar los leños que la nieve enterraba enseguida y que los niños despejaban con pena, les encargaban dar los biberones a los corderos recién nacidos y vigilar las nidadas de polluelos que preservaban del frío, de los gatos, algunas veces de las ratas que sintiendo que se acercaba el invierno, invadían los graneros y causaban lamentables devastaciones. No era extraño encontrar bajo el edredón de Isabel polluelos nacidos pocas horas antes.

Los niños y las mujeres no salían más, los hombres solos partían para la caza, no se comía más que carne de caza, y algunas veces carne de un animal doméstico herido al que había que matar, con el alma acongojada. Las legumbres, conservadas bajo el hielo, se mantenían intactas durante meses.

30

Antes de la boda, Manuel había retratado a Isabel la existencia que se llevaba en el pueblo de Montgarri. Ella se dejó convencer riendo, sin darle demasiada importancia al relato de esa vida en comunidad, y pensó en su fuero interno que su novio exageraba un poco para ponerla a prueba.

Cuando Manuel, seguido de Isabel, bajó a la cocina, estaban allí una veintena de hombres y mujeres, para ser sinceros, los habitantes de las ocho casas que, según la costumbre, venían a tomar conocimiento de la joven esposa y bromear con los recién casados.

La gran sala tomó el aspecto de un albergue campestre; la mesa, cargada de algunas botellas de vino, raro en esa época, pareció en revancha mejor guarnecida de licores de anís preparados por las mujeres. Estas recolectaban amplias provisiones de granos, que maceraban en frascos de alcohol durante muchos años y que enterraban en un rincón del establo en compañía de garrafas de vino de dos litros y medio, de sauco y de grosellas salvajes. Se dejaba envejecer esos licores al abrigo de los grandes fríos, dado que el cristal era frágil y explotaba algunas veces.

La costumbre requería que cada uno aportara su vaso y lo guardase en la mano. Acabada de caer la noche (la gente trabajaba tarde en esa estación) algunos se introducían todavía en la cocina, después de haber dejado su horca sobre el suelo de tierra batida del vestíbulo, venían como vecinos curiosos y se quitaban sus zuecos en la puerta.

Fuera alrededor de la casa una treintena de niños y niñas gritaban y jugaban. Este escándalo infernal no cesó hasta la aparición de la terrible tía Anna, y comenzó de nuevo algunos minutos después de su marcha. Todos los camaradas de Manuel casados antes que él se reían sin malicia por haberse casado tan tarde con una joven tan linda, y cada uno aconsejaba al esposo que no perdiera el tiempo, puesto que es peligroso para un niño nacer durante el invierno, cuando cuatro metros de nieve montan feroz guardia en el pueblo enterrado. Si se produce un accidente, no se puede esperar ningún auxilio de abajo, los hombres sobre esquís de fabricación propia parten entonces a pesar de la tormenta, para arrastrar sobre andas al accidentado o al moribundo. Los aludes les esperan y deben volver a desandar el camino en la mayoría de los casos.

Con este pensamiento, una emoción de angustia recorrió el cuerpo de Isabel. Hasta entonces había creído que Manuel le contaba todas esas historias para asustarla, pero ahora que los otros hablaban de ello y que veía visos de inquietud inflamar sus ojos, que el anisete tornaba más brillantes, tembló.

En el pueblo, decía Manuel, todos los maridos estaban contentos al anunciar que su mujer iba a traer una criatura al mundo. Cada día y en todas las ocasiones hablaba de ello. Ello llegó a ser a la larga un aburrido estribillo. Las mujeres estériles no contaban para nada en el pueblo, sus maridos despechados tenían vergüenza, repetía él sin cesar.

Pero Manuel, seguro de sí mismo, tranquilizaba a todos sus amigos:

—Nuestro primer hijo vendrá al mundo en los hermosos días de la estación de los trigos maduros y de la

32

recogida de las plantas que curan. Isabel tendrá todo el tiempo de criarlo, mientras la nieve cerrará las puertas y las ventanas.

Todos se pusieron a reír por esta salida. La pequeña esposa no levantó la mirada y se sentía incomoda de ser el punto de mira de esa asamblea parlanchina en la que todos decían la suya como si formaran parte de la familia, y como si ella debiera rendirles cuentas. En un momento quiso manifestar su opinión, pero con una mirada terrible y con una palabra seca y autoritaria, Anna, su cuñada, paró la frase en su garganta.

—Las mujeres se callan —dijo ella secamente, marcando ya desde entonces su supremacía en la casa.

Isabel no osó pronunciar una palabra más. Rosita Moga la abrazó, no sin fijarse con admiración en el vestido de tela fina que dejaba ver los brazos desnudos. Envidiaban sobre todo los zapatos de cuero. Las mujeres presentes llevaban todas vestidos en forma de saco de basta lana, un chal protegía las espaldas de las que esperaban un niño. Todas iban calzadas con zapatillas de suela de cuerda fabricadas en el pueblo y atadas al tobillo con un cordón. Todos los habitantes andaban descalzos durante el verano.

Una joven se acercó a Isabel: vivía en la casa paterna de Manuel con su marido. Este la había desposado en Madrid. A pesar del trabajo que se daba para mostrarse mejor vestida que sus cuñadas, no le sentaba mejor que el rudo tejido que constituía el uniforme de las mujeres. Después, Carmen Gallart, la vecina más cercana, que sostenía en sus brazos a su octavo hijo, se avanzó tímida-

33

mente para abrazarla. Siguieron otras mujeres, sin edad determinada, desgastadas, arrugadas, la piel de la cara quemada por el sol y estropeada por los rigores del invierno; Julia y Teresa mostraban también las marcas de esa vida de dura labor donde cada uno tenía que trabajar para todos y todo lo que pertenecía hoy a uno debía en tiempos de escasez ser compartido con los más desheredados.

El dinero apenas interesaba a esos seres primitivos. Solo pedían a cambio de un cordero, su único recurso, café, azúcar o bastas telas que la fábrica de tejidos del valle les daba a cambio de un triple o cuádruple peso de lana sucia, y los montañeses, sin necesidades ni deseos, se contentaban con lo que les quisieran ofrecer a cambio.

El ganado vivía en verano todo el tiempo de día y de noche en los pastos de la montaña y no volvía a casa hasta las primeras nieves, lo más tarde posible, y no les daba trabajo más que en el periodo de esquilar.

¿Obligarían a la delicada Isabel a vestirse con esos toscos sayales y a trabajar descalza sobre la tierra pisada de la cocina? Sabía que Manuel, al que amaba, se mostraba con una debilidad desconcertante ante su hermana mayor, que mandaba y regía la casa y todos sus habitantes sin excepción; la joven, a la que trató siempre como una extranjera, no osaba pedir ayuda a su marido, que se encogía de hombros y le aconsejaba que fuera paciente. Anna se mostraba buena chica algunas veces y era indispensable en la actividad del hogar. "Cuando venga el niño", decía Manuel, por lo bajo, en su habitación helada, "esto cambiará" y se dormía exhausto de cansancio después de

34

duras jornadas de trabajo extenuante. Isabel, desesperada, se ponía a llorar.

Los días sucedieron a los días, la joven esposa aprendió totalmente a conocer los seres y las cosas de la vida que descubría en el seno de su nueva familia. Manuel poseía el rebaño más grande del pueblo, su crianza de hermosas yeguas salvajes y sus mulos de talla alta hacían de él el "jefe" incontestable de la pequeña comunidad; pero ello representaba para él más obligaciones que ventajas. Isabel tuvo la prueba de ello muy pronto. Los vecinos venían a mendigar: quién un huevo o harina, quién un tazón de leche para el niño enfermo (Anna, en esos casos, deslizaba en el brebaje una cucharada de miel salvaje o algunos terrones de azúcar rotos a martillazos, incluso envuelto en basto papel azul). La joven, más informada que ninguna otra de las curanderas de Montgarri, fue muy pronto puesta a contribución para curar las heridas y ofrecer cantidad de servicios a los enfermos, superioridad de la que sus cuñadas se mostraban celosas. Poseía el "don", ese sentido innato de los curanderos, y la dulce persuasión de las palabras que consuelan. Curaba las úlceras de los viejos y el repugnante mal "gras" de los niños.

Mucho tiempo antes de la llegada de su mujer a Montgarri, Manuel empleaba para los trabajos penosos en los campos, para guardar y curar los rebaños, a Pepito, un criado servicial, honesto y considerado por todos como un pariente. Pepito trabó una gran amistad con la recién llegada, algunas veces tomaba partido por ella contra las injusticias de Anna, la verdadera dueña de la casa, y la protegía, acusándose de las fechorías que le habrían reprochado a Isabel.

35

Le enseñó el nombre de las plantas que los vecinos iban a coger en la montaña, en los bosques o en los bordes del arroyo. Partían en grupos antes del alba para arrancar de las rocas, todavía húmedas del rocío de la noche, las raíces de genciana azul, la digital cuyas campanillas púrpuras están salpicadas de manchas blancas. Le enseñó a reconocer a ras del suelo, en medio del terciopelo del musgo de color de esmeralda, el precioso liquen que solo los dedos ágiles y delicados podían recoger brizna a brizna. Más arriba, en el límite de los últimos alerces enanos, los tallos de árnica brotan en haces de oro, bajo los últimos fuegos del otoño; el árnica de la primavera, que no tiene las mismas virtudes que la anterior, se paga menos en la ciudad; la montaña era una fuente de vida. Los niños señalaban las ramas de los abetos de los que se recolectaba una amplia provisión de brotes, después de la cosecha se hacía dos partes, una para las necesidades de la familia, la otra para la venta en las farmacias de Vielha o Salardú en Arán. No exigían dinero, pero sí cambio por productos indispensables, tales como el alcohol para preparar los elixires y la tintura de yodo, algodón y gasas.

Los días de feria los hombres iban a vender las mulas, los toros y la lana del ganado lanar, que se aportaba a la fábrica para cambiarla por lana más fina que hilaban las mujeres en sus ruecas durante las largas tardes del invierno.

Pepito, el criado de la casa Feriba, era consciente, a pesar de su rusticidad, de que Isabel sufría sin quejarse nunca, pero ella ejecutaba los trabajos más penosos de la casa. Los últimos días del verano se almacenaban los productos de la cosecha para prevenir la escasez.

36

En cada familia, no era extraño que el grano para moler faltara, que las gallinas enfermaran y faltasen los huevos, así como las patatas, desde que un horroroso coleóptero llegado no se sabe cómo de América devoraba las plantas.

Mujeres y niños partían y portaban de los campos cebollas, guisantes, lentejas, coles y alubias que se golpeaban con varas al aire libre y que pisoteaban los jóvenes.

En los matorrales las avellanas maduraban bajo las ramas cuyo follaje amarillento se curvaba bajo los ramilletes con cáscara de ámbar delicadamente enfundadas en su vestido de encaje todavía verde, chicas y chicos recogían sacos llenos. Los brotes de haya más delicados y más raros habían sido ya recogidos por las ardillas. En ese periodo, se juntaban por familias innombrables, para reunir también como reserva brotes y avellanas en sus nidos de hojas secas y en gruesas ramas que hacían en la cima de los árboles, donde los pequeños nacerían en primavera. Los niños se vengaban entonces de las hermosas bestias inofensivas y los tirachinas hacían duras hecatombes. Los niños entregaban sus provisiones a su madre a la vuelta de esas expediciones y no experimentaban ninguna piedad por los adorables animales que acariciaba Isabel. La crueldad de los niños la sublevaba.

Isabel iba con las vecinas a cortar coles y remolachas y a limpiarlas en los campos, así como a transportar los enormes fardos de legumbres a los sobrados bajo las tejas de paja donde las heladas de los primeros días de invierno transformarían esta cosecha en bloques de hielo que resistirían durante toda la mala estación. Judías y lentejas constituían entonces la más clara de las comidas. Se des-

37

pedazaban durante el verano los carneros y los bueyes. Salada o ahumada, colgada bajo las chimeneas, su carne era una suculenta vianda y un regalo para los montañeses.

Al principio del invierno, los hombres salían a cazar durante dos o tres días, persiguiendo jabalíes y rebecos. En alguna ocasión, y a falta de caza mayor, se contentaban con liebres, gallos de Bruyère, algunas veces el oso, ganancia fastuosa pero que muy rara vez caía inesperadamente bajo el cañón del fusil de los cazadores. Las presas eran repartidas equitativamente entre todas la familias del pueblo, sin ninguna discusión.

Durante el verano los niños, pequeños salvajes, a penas vestían un pantalón de pana los niños y un vestido de lana tejido las niñas. Andaban descalzos a través de los campos y bosques en alegres bandas descubriendo pájaros o pescando bajo las piedras llanas enormes truchas asalmonadas del Noguera. El arroyo impetuoso marcaba el límite entre el pueblo y los campos.

Volvían con los vestidos hechos jirones y hambrientos, aunque nadie se cuidaba de ellos, sin escuela y sin maestro. En consecuencia, jóvenes y viejos eran iletrados en todas las casas, indiferentes a todo lo que no interesara directamente a su pequeño pueblo de Montgarri: la tierra a su alrededor podría desmoronarse y no experimentarían ninguna emoción. La bestia enferma de su establo o la de su vecino les inquietaba mucho más. Solo las incursiones de los contrabandistas perseguidos aportaban algunas perturbaciones a las familias que les prestaban refugio.

Isabel sabía leer y escribir, pero ello no servía para gran cosa para la felicidad y la vida en esos lugares abandonados por el mismo Dios Padre. ¡Tres horas escalando rocas para subir a Montgarri! ¿Quién vendría a socorrer a estos aislados voluntarios, cuando el invierno amontonase la nieve helada a cuatro metros de altura por encima de los tejados de paja?

Entonces se tomaban las precauciones indispensables al acercarse la mala estación. Los hombres bajaban a Vielha y subían cargados en mulas cinco o seis ataúdes, fabricados con cuatro tablas que olían a resina fresca.

El carpintero los reservaba para sus "clientes" de ahí arriba. Los apilaban en la sacristía del viejo santuario; cuando uno de los habitantes del pueblo perecía durante el invierno, el humo oloroso de algunas plantas salvajes se consumía en el viejo incensario, tenía lugar la bendición y los jóvenes más fuertes cavaban la fosa en la espesura de hielo, con el fin de proteger la sepultura de los animales hambrientos, y sobre todo de los lobos que venían a dar vueltas todas las noches, hasta alrededor de las casas. El cañón de los fusiles esperaba a los depredadores famélicos detrás de las lucanas del sobrado, cuando la nieve no llegaba todavía a las buhardillas. Llegaban siempre en cantidades impresionantes y el tiroteo hacía temblar a las mujeres y a los niños bajo sus mantos de rústica lana. Cuando se mataba a una de las fieras por un balazo, sus congéneres organizaban una lucha espantosa, cuyo eco llenaba de terror todo el pueblo. Por la mañana los hombres no encontraban más que una enorme mancha de sangre negra sobre la nieve removida en el curso de la batalla entre las fieras. Nada quedaba de la bestia muerta, ni la piel, ni las garras. Al día siguiente, las casas se encontraban enterradas, aisladas de los establos, a los que se accedía excavando, atravesando la calle, un túnel bajo el hielo para ir a cuidar el ganado tarde y mañana. Este trabajo de topo, muy penoso, se complicaba con la escasez de heno y de paja indispensables para alimentar los ganados encerrados.

Entonces, cuando no había nada para compartir, la pobre gente arrancaba la paja de su tejado y la sustituían por tablas que clavaban en las vigas. La ayuda mutua no era una palabra vana en Montgarri, e Isabel se mostró emocionada por ello. Se acordaba que abajo en el valle cada uno vivía para sí, los pobres eran miserables toda su vida y a los ricos no les importaba.

Entre estos seres atrasados que llevaban una existencia casi inhumana, una mano extendida recibía siempre su parte. Cuando no había más pan ni más harina para que la madre preparase una nueva hornada, los niños se dispersaban para ir a sentarse a la mesa de las casas vecinas. Isabel aprendió a trabajar la pasta; era una tarea dura para sus manos delicadas y los grandes panes de tres kilos se hacían pesados en el extremo de la larga pala. Por la noche, cuando todos volvían del campo, la casa exhalaba un perfume delectable, y ahí arriba, en la alacena, en el arca, una docena de enormes panes de vientre abultado, con la corteza dorada, se alineaban... y sobre la mesa, los niños descubrían las galletas que Isabel fabricaba con las raspaduras de pasta. Les añadía manzanas y azúcar, era un regalo sin igual.

En esa época de invierno, los hombres solo podían salir sobre tablas improvisadas que desde muy lejos podían parecer esquíes. Venían a menudo a Feriba, apodo de la casa de Manuel Cónsul, para pedir prestado de la reserva siempre altamente abastecida un pan que se de-

40

volvería más tarde, en la hora de la prosperidad, con absoluta exactitud.

Cada casa conservaba su apodo fielmente a través de los siglos. Isabel los aprendió sin dificultad pero no conocía los apellidos de cada una de las familias, había la casa de los Cabau, de los Juan Gran, de los Laurens, de los Viu, vecina de la casa Feriba, la vivienda de Manuel, la de José Moga y de su mujer Rosita. Esta era la única casa del pueblo cuya pareja no tenía niños. El matrimonio sufría por ello. Rosita, que era mal vista en la aldea, se aburría y venía a pasar las veladas al lado de las mujeres de la casa Feriba. José, su marido, dejaba la casa para ir a la caza del jabalí por la noche y no volvía hasta la madrugada. El desorden reinaba en su casa y el marido se ausentaba muy a menudo.

En la casa Feriba cuando la alacena del pan, encima de la puerta, estaba medio vacía Isabel se ponía de nuevo a amasar y calentar el horno. Rosita Moga, su primera vecina, venía a menudo ofreciéndoles a empajar las sillas de la familia para pagar el pan que ella no sabía hacer.

Anna, única señora, decidía sobre todo e Isabel no disponía de nada sin su permiso. Ella se había incluso apropiado de los vestidos, la ropa de cama y el ajuar de su bella cuñada algunos días después de su entrada en la tribu Feriba-Cónsul. La joven se encontraba así enfundada en el rudo tejido de lana como todas las mujeres de Montgarri. No más medias, no más zapatos de cuero, más bien suelas de cuerda, fabricadas por el viejo Sumastre de Laurens, cuyo oficio transmitido de padres a hijos consistía en calzar con un único modelo a todos los habitantes mayores y pequeños, hombres y mujeres.

Anna no admitía que lo que pertenecía a uno de los miembros de la familia no aprovechara a todos los otros, y sin malicia ni escrúpulos, pues lo creía honestamente, se apoderaba de los objetos inútiles de Isabel y los escondía para que las otras no se mostraran celosas. Isabel soportaba todo y se eclipsaba delante de Anna, que le despojó también de algunos recursos que escondía en la paja de centeno de su colchón. Cosa curiosa, el corazón no tenía nada que ver con la generosidad que la dueña de la casa Feriba desplegaba para rendir servicio a los unos y a los otros; por lo demás su sobrenombre de "mala sombra" tenía sentido. Cada uno coincidía en decir que ella no rechinaba ante ningún trabajo y que lo que mandaba a los demás, era capaz de desempeñarlo mejor que cualquier otro.

La joven mujer pensaba que su cuñada actuaba por orgullo y no por caridad, únicamente para exhibir una riqueza que no sobrepasaba a penas la pobreza de sus vecinos. La casa Feriba mantenía al criado Pepito, único lujo de la familia, de unos treinta años de edad en la época del matrimonio de Manuel. El joven, apreciado por todos los habitantes del pueblo, solo temblaba delante de la terrible Anna. Pepito, soltero, se apartaba de las chicas desde siempre; las trataba como si fueran insignificantes, únicamente las consideraba buenas para el trabajo del campo, repitiendo sin cesar que temía encontrar una mujer como Anna Cónsul, de la que por otra parte alababa los méritos de ama de casa valiente y cabal, ¡para el que quisiera entenderla!

Una noche de invierno Manuel, inquieto a causa de una vaca enferma, subió al desván de Pepito y no lo encontró allí. Se lo hizo observar a su mujer. Esta, cada vez que Rosita Moga venía a hacer un trabajo en la casa Feriba, notaba que su vecina intercambiaba señales con el criado y que hablaban entre ellos muy bajo; pero ella no se lo dijo a nadie. Ello duraba desde hacía algunos meses. El criado se tornó sombrío, nervioso, irritable incluso con ella. Diciendo que estaba cansado, subía muy pronto a acostarse, después de la cena, en vez de velar en familia alrededor del fuego. Anna siempre ahí, ojo vigilante, intrigada por su comportamiento, le vio entrar una noche en la casa vecina, la casa de Rosita. El marido salía a menudo al caer la noche "ara demora deth sanglier", lo que significa a la espera del jabalí. José Moga, cansado de las recriminaciones de su mujer, encontraba en su pasión por la caza el mejor sustituto. Más bien tímido, prefería huir del domicilio conyugal en el que se sentía indeseado y desgraciado. Pepito estaba atento a la marcha de José. Rosita, la amorosa andaluza, le esperaba detrás de la puerta que entreabría y por la cual se deslizaba furtivamente, y lo arrastraba a su oscura habitación. Un poco indolente y perezosa, ella no estaba deformada por la maternidad y no se parecía a ninguna, en el pueblo donde nunca llegaría a aclimatarse. Era alta y delgada y venía de un país donde las mujeres son hermosas.

Pepito pensaba en ella todo el día y soñaba con ella en la noche. Su única prisa era ir a reencontrarla, apretarla entre sus brazos y arrancar a ese cuerpo admirable la vergonzante ropa que la pobreza de su hogar le obligaba a llevar como todas sus semejantes en el pueblo, durante todo el año.

Nunca ninguna mujer le había reducido a similar esclavitud. Los celos exasperaban la pasión de Rosita, porque pensaba con rabia que Isabel algún día le arrebataría a su bello Pepito. La amaba más, cuando se arrojaba con lágrimas a sus brazos para suplicarle abandonar Montgarri, abandonar esas montañas, ese pueblo perdido entre el cielo y la tierra de los vivos, esa choza sombría donde ella daba vueltas como una bestia enjaulada, abandonada las tres cuartas partes de los días y de las noches por un marido que detestaba.

Su amante se parecía a todos esos hombres nacidos en esa soledad donde ella sentía convertirse en la presa de las brujas y el juguete de los fallecidos... Volverían los dos a su soleada Andalucía, "donde estaría orgulloso de sus vestidos ligeros de sus brazos y de sus espaldas quemadas por el sol". Llevaría joyas y sobre todo andaría por las calles del pueblo, donde bailaría todos los domingos calzada con bonitos zapatos en vez de correr descalza. Pepito lo escuchaba y acababa por acariciar la esperanza de seguirla a ese paraíso de flores donde el cielo da a las mujeres la belleza y la dulzura de los frutos maduros. Se adormecían con un sueño lleno de recuerdos y de esperanzas... Pero debía volver a la realidad. Pepito huía al alba como un ladrón, pensando únicamente en la próxima noche.

Rosita, cansada, le juraba dejar a José Moga, ese marido salvaje que despreciaba. Él trataba de calmarla, "más tarde", decía él, "¿qué sabemos del futuro?". José no estaba exento de las enfermedades y podía fallecer. Entonces sin remordimientos se irían los dos. Sin embargo, ella no se creía nada, pero para disipar la angustia de su amante, ella se lo juraba por la Virgen negra de Sevilla.

Y lo retenía hasta el amanecer, cautivándolo con sus caricias apasionadas que le protegían, creía ella, de la influencia de la extranjera, la dulce y valiente Isabel de la cual él alababa los méritos. Después de la caza José volvía a media mañana y nunca dudó de nada, decía Rosita a su amigo. Cada noche los enamorados se reencontraban. Ahora que era cosa sabida en casa de Manuel todos se callaban.

—Todas las sábanas se limpian en casa, garantía de la buena reputación —repetía tía Anna—. Pepito, trabajador y buen muchacho, toma el placer que se deja tomar y está bien así —decía ella, conciliante.

La tormenta desplegaba su furia desde hacía muchos días sin moverse de sitio. La reserva de carne se agotaba. Todos los hombres válidos del pueblo salieron. Después de una hora de marcha mataron un rebeco que cayó en una grieta. Les fue penoso remontarlo a hombros.

La nieve caía con copos muy gruesos y tuvieron que refugiarse en una cueva durante una parte del mediodía. A la caída de la noche decidieron volver, si bien caminando a ciegas no distinguían ningún obstáculo a dos pasos por delante de ellos.

Cuando llegaron al puente del Noguera, se dieron cuenta con espanto de que José Moga no contestaba. Manuel y Cabau, este último contrabandista a ratos, trajeron los restos del rebeco y algo de caza menor al pueblo. Los otros dieron media vuelta para buscar al cazador perdido, que, conocedor de la montaña, debía haberse refugiado bajo algunas rocas sobresalientes para esperar que despejara.

El tiempo se calmó bajo un cielo de plomo. La noche sería glacial, puesto que la nieve seguía cayendo con gruesos copos, espesos y pesados sobre los abetos, sin que un soplo de viento agitara sus ramas.

Los cazadores se dispersaron y sus llamadas resonaron sin resultado bajo el manto de niebla. Si la tormenta estallaba otra vez, nada que hacer, el desgraciado enterrado vivo o muerto no se podría encontrar hasta la próxima primavera, cuando se fundiesen los glaciares. Sin descanso, los hombres gritaban en todas direcciones esperando que el cazador perdido oyera también el tintineo de la campana de alarma de la iglesia que sonaba desde hacía rato, tiempo que a todos les parecía muy largo.

En sus moradas rodeadas de nieve helada, mujeres y niños, condenados a dar vueltas en las sombrías estancias en las que la lumbre extendía su luz ahumada, enloquecían oyendo la "campana de los perdidos". Nadie en el pueblo sabía cuál de los cazadores se había perdido en la tormenta. Las mujeres más valientes se deslizaban por el túnel de hielo. Anna, perspicaz y de fino olfato, adivinó la primera que se trataba de José Moga. Miraba por el rabillo del ojo la conducta artificiosa de Pepito, que atizaba el fuego con aire ausente y el oído atento a todo lo que se decía a su alrededor. Y cuando Anna pidió a Isabel que fuera a buscar a Rosita para no dejarla sola en su casa, Pepito, inquieto, se levantó temblando.

—No, Isabel, déjala, creerá que usted quiere consolarla pensando que se trata de su marido, pero no sabemos quién es el accidentado, ella todavía no sabe nada y se enterará demasiado pronto en su casa de la gran desgracia. ¿No es así, Anna?, Dios mío, será terrible.

—Sí, en fin, es mejor que muera el que no tiene hijos, y esa pobre Rosita, un poco alocada, se consolará rápidamente.

En las casas vecinas no sabían más y cada uno esperaba el retorno de los cazadores. Isabel, agobiada, envió a Pepito al puente, ante los socorristas; volvió inmediatamente con su dueño y Cabau. Cuando supo que la campana de los perdidos tocaba a muertos probablemente por el marido de Rosita, ese simple y pobre hombre al que había hecho daño todavía la pasada noche, Pepito corrió a encerrarse en su buhardilla bajo el tejado y una desesperación salvaje se apoderó de él.

Atormentado por los remordimientos, no podía dejar de pensar en la última noche que pasó en los brazos de Rosita, y en el curso de la cual se imaginaban los dos la desaparición de José como una liberación que les permitiría huir de ese pueblo y del desprecio de sus habitantes. Anna y Manuel intentaron hacerlo bajar, pero fue en vano. El amo, entonces, envió a su mujer que, con dulzura, calmó a su socorrido amigo y le hizo razonar. Este gemía y se acusaba delante de Dios del traspaso de su vecino que, sin duda, en un momento de desesperación se había matado. Pero el hombre era el único en el pueblo en no estar al corriente de la traición de su mujer, aunque estas palabras que le repetía Isabel para tranquilizarlo no alcanzaban a apaciguar sus remordimientos. Esta le aseguraba que no tenía nada que ver con el accidente y Pepito se juraba no volver a ver nunca más a Rosita, que lo había embrujado.

Bajó con Isabel a la cocina, también le corría prisa conocer el resultado de la búsqueda.

Ahora estaba seguro de que Rosita le mentía y que José sabía perfectamente lo que pasaba en su casa.

De pronto la campana calló. Bajo el cielo sombrío los copos de nieve comenzaron de nuevo su loca danza, empujados ahora por el viento glacial que los aplastaba sobre la nieve del día anterior para amontonar nuevas capas que será necesario arrancar a las puertas de las casas con el fin de librar el paso. Manuel, el oído tenso, escuchaba todos los ruidos venidos de fuera: los perros, atentos detrás de la vieja puerta de haya, se pusieron a dar alaridos a la muerte.

Un pequeño grupo se apresuraba sin ruido sobre la nieve, los perros huyeron. Cuatro hombres llevaban a José malherido sobre una camilla improvisada. Dos de los cazadores sostenían una tea de resina para iluminar el camino delante del convoy.

La humareda dejaba su rastro blanco en el aire gélido y el rubor de la llama bailaba sobre el rostro de los hombres desfigurados por el frío. Se pararon delante del pasillo de nieve que se abría en la entrada de la casa de Moga. Rosita, sola en la cabaña, apareció estoica y pálida endurecida por el estupor. La gente la tenían por un poco bruja, pero ella estaba segura después del anuncio del accidente que se trataba de su marido. Los hombres se dirigieron hacia la escalera que subía al primer piso donde estaba la habitación. Rosita tuvo un sobresalto y los paró.

—No —dijo ella—, no en mi habitación...

Había una cama al fondo de la cocina, donde dormía José cuando volvía a casa muy tarde de la caza para no molestar a su mujer, y con la garganta apretada señaló a los cazadores depositar ahí al herido.

48

Se persignó y se sostuvo un instante cerca de la cama. Después, los rasgos de su cara tomaron una rigidez de estatua y no quitó los ojos del crucifijo de madera oscura sobre la pared encalada.

Se vivía entre marido y mujer sin que ningún sentimiento de amistad o afección se exteriorizara ante los otros. No había ni crisis ni quejas cuando alguien se moría y se evitaba hablar del desaparecido.

Faltaba un hombre para realizar los grandes trabajos. Rosita, un poco perezosa, encontraría ayuda y asistencia en las familias vecinas. Nadie se extrañaba de esta apariencia de frialdad y de calma. Estaba bien así.

Manuel, su hermana Anna e Isabel siguieron a las mujeres que pudieron liberarse de la vigilancia de los niños. Era ya de noche cuando fueron a rendir los últimos respetos y asear al pobre José.

Se informó en voz baja de la causa de ese accidente. Pepito, sentado en el rincón del fuego donde crepitaban los leños, escuchaba con inquieta curiosidad las explicaciones que daba el cazador que había descubierto al herido.

Contaron que lo habían encontrado en un agujero de nieve disimulado entre ramas de alerce. El fusil se disparó durante el resbalón y la descarga alcanzó a José a quemarropa abriendo una larga caverna en su pecho, de donde la sangre se escapaba a borbotones a cada gemido del moribundo. Los hombres habían arrancado jirones de la chaqueta dejando a la vista la horrible herida. Las mujeres se relevaban para ir a buscar fuera, bajo el túnel, cubos de nieve en la que mojaban las toallas que los hombres menos sensibles al horrible espectáculo hundían en el agujero abierto, intentando en vano parar la hemorragia. La cama sobre la cual estaba extendido José se cubría de anchas manchas púrpuras. Los ojos del moribundo estaban obstinadamente fijos en Rosita y en su amante, congelados ambos por el horror de ese mudo reproche. La respiración se hacía cada vez más penosa, el cuerpo vacío de su sangre estaba ahora inerte, algunos temblores crisparon aún los rasgos de la cara. Los últimos segundos estaban contados. Rosita, aterrorizada, se abalanzó de pronto sobre el cuerpo sin vida para besar los párpados del cadáver y escapar a esa mirada que, más allá de la muerte, parecía reprocharle su traición.

Pepito, inconsciente como en estado de hipnosis, tomaba parte en el aseo mortuorio con los ojos secos y la mirada dura.

Los hombres estaban alrededor de la pieza, silenciosos, Isabel les servía café caliente que había traído de su casa.

Rosita rezaba rodeada de sus vecinas y lanzaba una mirada inquieta sobre su amante, que no osaba mirarla. Alimentaba la lumbre en un silencio impresionante: había entonces en las casas de Montgarri, en el año de gracia de 1955, ese curioso procedimiento de alumbrado descendiente en línea recta de los hombres de la prehistoria. En una gran bandeja de altos bordes sostenida por tres cadenas enganchadas bajo la bóveda de la chimenea, quemaban astillas de alerce impregnadas de resina, cuyo perfume de incienso daba su verdadero significado a la muerte. Pepito se tambaleaba un poco, como un hombre ebrio, cada vez que añadía astillas en el receptáculo. Cada hogar tenía su lumbre, las más antiguas tenían más de cien años. Era el herrero del pueblo que las fabricaba en el yunque. Durante la bella estación de la subida de la savia mujeres y niños iban por el bosque de resinosos para marcar los árboles más viejos que los hombres cortaban a golpes de hacha a ras del suelo, arrancándoles las raíces que transportaban a lomos de una mula, muchas veces desde muy arriba, a los patios de las casas. Esta madera apilada pasaba muchos inviernos en el exterior y cuando la necesidad se hacía sentir, los hombres cortaban en pequeñas laminillas "les estères" pegajosas impregnadas de resina. Llegada la noche, se las ordenaba en la lumbre y se lanzaba un leño ardiente: la llama inmediatamente brotaba derecha y luminosa. De todas las casuchas del pueblo los habitantes venían a reunirse en la cocina para las veladas de trabajo, habitualmente en la casa Feriba, que era la más grande y acogedora.

Nadie me había hablado nunca de esa clase de alumbrado y no obstante 1955 no está tan lejos.

Durante la velada fúnebre se mantenía la llama, sin tener gran cosa que decirse. Manuel se adormecía por momentos en la silla, e Isabel le traía café de bellotas para tenerlo despierto. De golpe, se produjo una cosa extraordinaria, inquietante e imprevista, como un latigazo, en medio de todas esas gentes silenciosas. Pepito, con la espalda apoyada en la pared, los brazos en cruz, levantó de golpe los ojos hacia las vigas de la cocina en las que estaban fijados aquí y allí las cabezas de ajo trenzadas en ristras y los jamones secados de carne de rebeco. Se volvió hacia Manuel, después hacia sus camaradas que le miraban ansiosamente.

51

—Decidme vosotros, ¿no oís ruido arriba en la habitación de José? Mirad las ristras de ajos, se balancean sin que nadie las haya tocado.

Un jamón se descolgó, cayó sobre la mesa con un ruido sordo y rebotó en el suelo, hasta los pies de Rosita. Ella lanzó un grito que sacudió la casa y empezó a rechinar sus dientes, la alucinación colectiva se apoderó entonces de todos, que creían en la venganza del alma. Cada uno escuchaba respirando por la nariz, conteniendo la respiración, los ojos bien abiertos. Pepito atravesó la cocina titubeando y pegó su oreja en la puerta que daba con la escalera de la habitación que conocía bien. Se levantó de un salto, retrocedió hasta la pared, el rostro pálido, la boca entreabierta bajo sus dientes de lobo, y desde los pies a la cabeza su cuerpo se estremeció. Manuel recogió el jamón y probó calmar a Pepito sin lograrlo y este último siguió divagando.

—Golpean arriba, ¿no lo oyes, Rosita? Remueven las sillas y arrastran la cama. Escucha, Rosita, el alma de José da golpes y ahora camina por la habitación... ¿Qué hemos hecho, Dios mío?... —y la fantasmagoría empezaba de nuevo—: ¿Por qué me has llamado a tu casa? Me has mentido, me dijiste que José no desconfiaba de mí, que me quería y que le gustaba que viniera a cortar la leña y a ordeñar las vacas. No es verdad, no me quería, la prueba es que vendrá a repetírmelo cada noche de mi vida. Ha empezado esta noche, lo hizo a propósito de pegarse un tiro para arrojarnos el remordimiento eterno y castigarnos por el daño que le hicimos: estamos maldecidos.

Entonces Rosita, con los ojos exorbitados, corrió a refugiarse detrás de Manuel a dos pasos de Pepito.

—Sí —dijo ella con voz lúgubre—, yo lo oigo también y ahora bajamos la escalera despacio. Ve a ver, Manuel, tengo miedo. Siento que "él" me impide moverme. Las tiene contra ti, Pepito —y se arrojó de rodillas con la cara contra el suelo.

Con un gran grito, Pepito se precipitó contra la pared:

—Vamos a entrar, sé que está detrás de la puerta. Oigo la respiración. Manuel, ayúdanos. "Él" también me impide andar a mí, mira las cuerdas que atan mis piernas.

Las mujeres temblorosas, demacradas, incapaces de hablar o de hacer un gesto, en medio de esa locura colectiva esperaban que esa puerta se abriera para algunos de los fantasmas que los ancianos del pueblo no negaban su existencia. Algunos juraban que veían "las cuerdas".

Todos los hombres presentes, tan valientes en la vida diaria, parecían permanecer en la angustia. Únicamente Manuel, en ese grupo de personas, conservaba la sangre fría. Se levantó de golpe, dio un gran puñetazo sobre la mesa y empujando a Pepito, abrió la puerta. El crujido de los goznes resonó siniestramente hasta lo alto de la escalera. Hizo que le llevaran un hachón de tea y subió sin saltarse un solo peldaño. Nadie osó seguirle, estaban ahí con los ojos levantados, intentando "ver". Se le oía circular por la habitación, verificar las ventanas bloqueadas por la nieve que las obstruía y que subía al asalto del tejado. Abrió después las contraventanas. Un poco pálido bajo la claridad de la antorcha, intentando parecer calmado, bajó

53

empujando un poco a los que esperaban como siempre la ayuda de ese coloso.

—No hay nada ni nadie ahí arriba, Pepito, estáis todos enfermos. Vete a descansar, somos demasiados aquí. Entra en casa y tú, Rosita, sube de nuevo a tu habitación, Isabel te hará compañía.

No pidió permiso a la joven. No obstante, ella obedeció temblando. El desgraciado criado no se hizo repetir dos veces la orden y salió, titubeando como un borracho. Isabel le acompaño hasta la puerta; sabía muy bien que no bebía nunca vino ni anís. Esa apariencia de embriaguez le parecía inexplicable. Pepito se paró tomando el brazo de Isabel:

—¡Oh! No me deje solo en la casa Feriba, Isabel, creo que me voy a volver loco. Sobre todo no vaya a hacer compañía a Rosita, usted es una santa, la va a embrujar. No vaya, más bien venga a llevarme a la casa de Manuel, porque no soy capaz de entrar solo.

—Vamos, Pepito, sé un hombre valiente, yo debo quedarme para la velada; ven, te voy a dar un poco de café si todavía queda en la cocina, y una pastilla que te hará dormir tranquilo. Te prometo que Manuel irá a verte enseguida, cuando vuelva.

Isabel reanimó el fuego y calentó un bol de café. El desgraciado, con la voluntad de un niño, la miraba con los ojos apagados. Esa crisis se calmó gracias a la presencia de la dulce joven.

Falto de afecto, se sentía ahora feliz y mimado al lado de Isabel. Pensaba que Rosita, esa diablesa, se mofaba de él y lo llevaría tarde o temprano a las garras del maligno.

Por la mañana, tres amigos del difunto se aprestaron a desafiar la tormenta desencadenada sobre la montaña entera. Daba la impresión que las rocas iban a descender de las alturas hasta el llano, barriendo al pasar el pobre pueblo.

En ese momento no fueron muy lejos; se enterraba a los muertos sin importar dónde, dado que no se distinguían ni caminos, ni cementerio. Detrás de la pared de una casa en ruinas, un poco al abrigo, atacaron el hielo a golpes de hacha y excavaron como malditos la fosa, que protegían de la nieve a medida que caía con largas tablas y ramaje.

De pronto le pareció demasiado corta a uno de ellos, al otro poco profunda. En fin, fueron a escoger uno de los ataúdes que las mulas subieron del valle al final del verano, en previsión de casos de muerte durante el invierno, y lo llevaron a la casa del difunto.

Al final de la horrorosa noche de vela y de pesadilla, el día triste y sombrío se levantó volviendo la calma a los espíritus.

Después del entierro —podríamos haber dicho más bien la innivación— sin cura, sin cruz, Pepito retomó su trabajo como siempre, cuidando el ganado en la cuadra aislada por la nieve, y yendo a buscar leña para la iluminación y el hogar. Tan solo en el pueblo el hermano mayor de Manuel padeció una depresión grave después de esos sucesos, por la que tuvo que guardar cama durante quince días sin la esperanza de ayuda. Las pobres gentes esperaban nuevas agresiones del "maligno". Isabel iba, con ese frío glacial, a llevar la comida a Rosita Moga, que se hubiera muerto de hambre antes que dejar la casa, esperando a cada minuto la venida de Pepito.

Este último esperó muchos días antes de atreverse a volver a su casa; más tarde, una noche, se levantó de la mesa antes que de costumbre. Anna le siguió y por la puerta entreabierta le vio entrar de nuevo en casa de su amante; pero volvió enseguida y fue a sentarse en el rincón más oscuro de la cocina, como si temiera que se dieran cuenta de la palidez de su rostro. Anna no hizo ninguna observación y Pepito no dio ninguna explicación.

En el pueblo, la vida paralizada por la tempestad continuaba en las casas. Solo los niños se mostraban ruidosos. Las mujeres remendaban las sábanas tejidas burdamente, ponían a descongelar las coles delante de las brasas del hogar, que parecían pelotas recubiertas de hielo, y las sumergían enseguida en las ollas de fundición, donde se cocían ya las alubias y las lentejas adobadas con un trozo de grasa de jabalí. La carcasa de la bestia se ahumaba suspendida bajo la chimenea para una buena conservación hasta el verano. La sopa para la comida del día siguiente cocía toda la noche sobre la ceniza caliente. A menudo, en tiempos de escasez, los campesinos se conformaban con patatas cocidas en el agua procedente del hielo que se hacía fundir en la caldera de hierro forjado. Pepito acarreaba grandes baldes de nieve en un nunca acabar porque la caldera no estaba nunca llena y nadie se explicaba ese milagro. Solo Isabel reía amablemente de su ignorancia. Aun cuando no había ido mucho tiempo a la escuela, había aprendido que cuando la nieve se funde el agua resultante no es más que una pequeña parte de su volumen.

El agua del Noguera llegaba a través de medios troncos de árbol vaciados y alimentaba todo el pueblo; pero debido a los grandes fríos, estas fuentes rudimentarias se helaban y desaparecían bajo el hielo, por lo que estaban obligados a fundir la nieve.

Esa noche, los amigos velaban en casa de Isabel, donde se comía un poco mejor que en las otras casas; pero nadie se mostraba celoso. Manuel hizo correr la botella de anís entre los hombres. Pepito tiró algunos trozos de corteza resinosa en la lumbre y una hermosa llama surgió de la brasa que moría sin alimento.

—Ve a buscar pan y jamón, Isabel —ordenó su marido—, festejamos esta noche la venida del hijo que Dios nos promete para el fin del invierno, o principios de la primavera. Podremos llevar a Isabel a Vielha sobre la mula —añadió—. Para su primer alumbramiento, es preferible que vaya al hospital.

La joven volvió cargada de vituallas, y recibió una sincera ovación. Ofreció según la costumbre un poco de pan a cada invitado.

Todavía nacían muchos niños en las familias en esa época y los nacimientos daban lugar siempre a modestos festejos y a conmovedoras muestras de afecto. Todos se mostraron contentos de la alegría que manifestaba Manuel y de la felicidad que llegaba al joven matrimonio. Ello no impidió que sus cuñadas no ahorraran los pesados trabajos a Isabel. Manuel encontraba natural que su mujer acarreara nieve a grandes paladas, colgara en las altas llares enormes calderos llenos de agua y que preparara la masa dos veces al mes para hacer el pan; era la suerte de todas las mujeres, y nadie lo encontraba extraordinario.

El que hizo más cumplidos a la futura madre fue un pequeño hombrecito contrahecho, sin duda el vecino más viejo del pueblo, porque ni él ni nadie conocían su edad. Se llamaba Antón y adoraba a los niños. Había perdido a su mujer y su primer hijo el mismo día. Hacía mucho tiempo, era en pleno invierno en el punto culminante de la borrasca, cuando ningún ser humano hubiera podido subir del valle para ayudar a la madre y al niño. El viejo Antón permaneció solo en su casa, en compañía de perros y gatos, más cubierto de pulgas y piojos que de pelos.

El viejo se rascaba sin cesar y las mujeres veían los parásitos que hormigueaban en su cabellera blanca y en la onda de su barba de profeta que los jóvenes del pueblo amenazaban riendo de ir a cortársela cuando durmiera. Antón entonces montaba en cólera que calmaba con un vaso de vino de baja calidad. Era siempre de broma, porque él perdonaba todo a todos esos jóvenes que había visto nacer y había acunado cuando eran pequeños.

Cuando la luna llegaba al pleno, las mujeres calentaban un caldero de agua en el cual habían macerado hojas de menta y hierba jabonera, y, de buen o mal grado, sumergían al piojoso en una tina. Antón era un ser inofensivo, todos lo querían y los niños iban a su casa a ver los cachorros y gatitos recién nacidos, además el viejo sabía contar historias muy bien.

Cada vez que una mujer esperaba un niño, rondaba alrededor de la casa y cuando el marido se iba al campo entraba y sin decir nada alimentaba el hogar, trayendo desde el fondo del patio los enormes troncos, aserraba la madera y ordeñaba las vacas cuando la joven las traía de nuevo desde los prados. Cuando nacía un niño, sustituía a la madre, vigilaba al niño de pecho y desaparecía tan pronto veía llegar al marido. Este reía entre dientes, sabiendo al hombre exento de malicia y muy servicial, sacando provecho de esta ayuda gratuita. Antón se sentía ampliamente pagado de sus pequeños trabajos por la presencia de un recién nacido con el que pasaba horas para dormirlo en su cuna y del que vigilaba, más tarde, los primeros pasos y escuchaba sus primeros balbuceos.

En su casucha había siempre regalos para cada uno de los niños, y un pequeño vaso de jugo de arándanos que el viejo sacaba de un barril cerchado con hierros oxidados. El jugo rezumaba, negro y azucarado, pegándose a los dedos que los golosos pasaban sobre los aros desajustados y relamían con satisfacción.

Los padres prohibían estas visitas a su chiquillería, pero las más terribles amenazas no impedían a los desobedientes de encontrarse a escondidas en la vasta cocina del piojoso. Todos volvían a casa inevitablemente cubiertos de piojos, para gran desespero de las madres de familia, que les prohibían el acceso a la casa sin haberse extirpado antes los últimos parásitos.

Para asustar a los más reacios, Anna de Feriba les contaba la historia de una niña a la que los piojos arrastraron por los pelos hasta el río. Evitaban al viejo durante algunos días, después la tentación se tornaba demasiado fuerte y volvían a ir, desde que Antón había recibido el baño y la fricción de la "hierba de los piojos".

Las últimas nieves se fundieron rápidamente bajo el viento del sur que pasaba por encima de los montes de la Maladeta y ese viento cálido traía la alegría al pueblo;

la tierra batida reaparecía sobre el camino con sus rocas y sus surcos.

Los bancos de granito pulido y repulido, delante de las puertas, abandonaban su capa de hielo y brillaban bajo los rayos del sol de primavera. En efecto, las primeras prímulas, la flor de las nieves de corazón dorado, abrían sus corimbos, y los niños iban a recogerlas sobre los márgenes en las orillas del Noguera, que volvía a ser accesible también a los pescadores.

En todos los charcos de agua que se estancaba, disimulados por los penachos de los juncos, innumerables renacuajos hormigueaban: tranquilos sapos, futuras ranas que veíamos transformarse, perder su cola hoy, ganar mañana las pequeñas patas palmeadas que hacían progresar las torpes bestias sobre el fondo fangoso de las piedras. Surgían gritos de alegría y los pescadores de ranas se juntaban sobre el borde de un estanque que estaba casi seco. Un magnífico lagarto de agua que era en realidad una salamandra de montaña, tendida al sol sobre el fondo de la charca, se calentaba. El animal raramente se dejaba ver y cada uno de los niños quería llevárselo a su casa; de ahí disputas sin fin. Miguel tenía siempre la ventaja y el hombrecito quería ofrecer a mamá Isabel esa joya de terciopelo negro en cuya espalda un ropaje dorado corría de un flanco al otro. Cansada por los jóvenes pilluelos, la desgraciada bestia, víctima de sus magníficos colores, salió mal parada de la aventura y huía sin fuerzas a esconderse en la espesura del barro. Los antepasados iban a pescar estos anfibios, los hacían secar y los utilizaban para curar las llagas de quemaduras; la salamandra, animal fabuloso, tenía la reputación de atravesar las llamas sin quemarse; niños y niñas pequeños continuaban practicando ese cruel juego. Después de un cierto tiempo, las inofensivas ranas eran recogidas sobre la hierba y cada uno se llevaba sacos llenos a casa.

Se cogía entonces a las desgraciadas bestias por las patas de atrás y, de un golpe contra una roca, el pobre animal estaba noqueado. Cada uno cogía su cuchillo y el despellejamiento comenzaba. Algunos días, en todo el pueblo un delicado perfume de fritura se exhalaba desde cada casa. El menú estaba constituido únicamente por ranas salteadas con ajo y perejil. Se degustaban durante muchos días sin cansarse, "es comida de rey", decía el viejo Antón, secándose sus bigotes y su barba con el reverso de la mano.

Fue una clara y fría mañana de primavera, en la que las nieves persistentes brillaban sobre los glaciares de las cimas de la Maladeta, cuando Manuel se precipitó muy alegre en casa de los Viu. El padre, Gallart, era jefe de una nidada de ocho niños, "los Viusets". Manuel le pidió que preparara la mula más tranquila para transportar a Isabel a Vielha, donde daría a luz a su niño. Como una llamarada, la noticia se extendió de una casa a la otra. Todo el pueblo rodeaba ahora la montura que llevaba la futura madre. Las viejas rezaban y se santiguaban, las jóvenes madres animaban a Isabel, cuya aprensión llenaba sus ojos de lágrimas.

La pequeña caravana partió y entró sobre el puente para alcanzar el camino, Gallart sostenía la bestia por la brida y Manuel le seguía; Isabel, sentada sobre la albarda, tomaba aliento y sonreía a los ángeles.

Por primera vez desde que vivía en Montgarri bajaba el sendero, y el recuerdo de la primera ascensión que había hecho a pie bajo un sol de fuego, con su joven esposo, le daba todavía vértigo. Iba a ver de nuevo el valle, los habitantes de los pueblos civilizados, y una gran felicidad invadió su alma.

Pensaba en el niño que llevaría ahí arriba a su padre, ese orgulloso Manuel al que había prometido delante de Dios y de los hombres ser una buena esposa; ahora sabía que debería quedarse en Montgarri toda su vida... En medio de esos seres casi abandonados de Dios y de los hombres.

Lo aceptaba; pero el niño estaría también condenado a la misma existencia que los pequeños semisalvajes de sus vecinas. Una bocanada de amargura y de angustia interrumpió su alegría.

Su único consuelo sería tomar una revancha. Manuel le había prometido que ella sería la dueña de la casa Feriba tan pronto llegara el niño a la familia Cónsul. Ni Anna, ni Teresa ni las otras no podrían despreciarla más. Puede incluso que esa corona de la maternidad reportara a Isabel el afecto y la ternura más manifiesta de su esposo.

Tía Anna, sobre el paso de la puerta, intentaba calmar al niño de su hermano mayor que lloraba desesperadamente viendo partir a su tía Isabel, a la que quería más que a su madre "la madrileña", como la llamaba todo el pueblo con un poco de desprecio. Junto con Rosita, la andaluza, la madrileña podía desahogarse, las dos mujeres pasaban horas alabando las delicias de Sevilla y de Madrid. Las dos procedían de familias pobres que vivían fuera de la ciudad, en las huertas perdidas en medio de la

62

planicie en el caso de Rosita, y en cuando a la madrileña, su padre iba a la ciudad a vender grandes cestos de caracoles que los ciudadanos consideraban deliciosos y los comían allí mismo sentados en el borde de las aceras.

Mercedes y Rosita echaban de menos esa vida, cada día más, y se consolaban mutuamente, evocándolo, cuando se encontraban solas.

La madrileña, al igual que Isabel, fue siempre a pesar de todo "la extranjera" desesperada por haber dejado su bella capital. Hacía a su marido responsable de sus enfermedades reales o imaginarias. Después de miles de crisis de lágrimas y de disputas diarias, consiguió llevar a este al valle, dejando a su pequeño Miguel en custodia a su cuñada. Isabel se sentía unida al pequeñuelo, del cual quedó enteramente responsable, y al que mimaba demasiado, lo que le reprochaba tía Anna con amargura, con razón o sin ella.

Desde los cuatro años de edad el niño mostró una inteligencia que no tenía ningún otro niño en el pueblo. Oyó un día a Manuel y tía Anna hablar del "niño" que Isabel traería a su vuelta de Vielha, y entró en una cólera fría, ese niño que se esperaba le robaría a su mamá Isabel; Esto no lo soportaría. El día llegó no obstante y Miguel, con ese pensamiento, huyó a casa del viejo Antón para disimular sus lágrimas y contarle sus contratiempos. El viejo siempre le consolaba.

La mañana de la partida de Isabel, aprovechando un momento de descuido de su terrible tía, partió en busca de la mula que llevaba su tesoro. Le buscaron toda la mañana y no se le encontró hasta más tarde al mediodía, al borde del Noguera. Con el pecho agitado por terribles

63

sollozos, daba pena ver su dolor. Cada día desde la partida de Isabel, se escapaba sin que se sepa cómo; iba hasta el puente del río y desde allí vigilaba el sendero que subía del valle.

El Noguera acrecido por la fusión de las nieves inquietaba a tía Anna, que llamaba al pequeño a grandes gritos. En el pueblo, las mujeres contaban las fases de la luna, y las más experimentadas anunciaron el nacimiento para la última semana de la próxima luna. Algunos días de retraso se añadieron a la cuenta de la frágil salud de Isabel. Al fin algún tiempo después, a la puesta de sol, los perros ladraban alegremente, y de nuevo todo el pueblo se precipitó al encuentro de los que llegaban. La ruidosa procesión se juntó delante de la casa de Isabel, que tenía a su bebé envuelto en una capa de Anna, y descendió de la mula. La costumbre requería que la joven madre entrara la primera en la casa con su niño en brazos.

En ese momento, Miguel, al que se había olvidado en medio de toda esa explosión de alegría, se arrojó a las piernas de mamá Isabel, llorando y gritando tan fuerte que el bebé se despertó. Enganchado en las faldas de la joven, Miguel se dejó arrastrar a la cocina y corrió a esconderse debajo de la artesa del pan.

El padre, ligeramente despechado, anunció que se traía una hija en vez del niño que esperaba. Todos intentaron consolarlo, después de todo no era una catástrofe, gritaba el viejo Antón.

—Desde hace muchos años las mujeres no traen al mundo más que muchachos, que cuando se hacen mayores abandonarán Montgarri para ir a trabajar en el llano —añadía.

64

Pronto los viejos como él quedarían solos y sin ayuda, en algunas de las casuchas que todavía quedaban en pie. Veía ya a la pequeña que Isabel le dejaba acariciar corriendo por la cocina, deslizarse bajo los viejos bancos y pellizcarle la pierna: era un juego que todos los niños encontraban divertido.

Sabía que nadie (salvo tal vez Anna) le impediría ver al bebé cuando quisiera; Isabel le sonreía, con aire cómplice y prometedor. Sí, Isabel sonreía a los ángeles con el rostro alegre y más bello que nunca. Sus cuñadas y sus vecinos se exclamaban y bromeaban con Manuel, que intentaba esconder su decepción.

—Un intento fallido, hay que volver a empezar, querida mía —decía la mujer de Gallart, que gestaba su octavo hijo—. A la niña la casaremos con mi Pablo.

La sonrisa de Isabel se borró de sus labios. Dar su pequeña María de las Nieves a ese torpe que bizqueaba y babeaba todavía con ocho años, ¡oh!, eso la mortificaba... pero sonreía de nuevo.

—Isabel no tendrá leche, esas señoras del valle no son buenas lecheras, pero nosotros le pondremos remedio —afirmava Anna—. Las cabras tienen pequeños, y alimentarán a la niña.

De nuevo ello hizo estremecerse a la madre, que apretaba a su pequeña más fuerte en sus brazos, había prometido al doctor que daría el pecho a la niña ella misma... no se atrevió a decir a Anna que sostendría su palabra, y se sintió humillada.

Las promesas de su marido no serían respetadas porque tía Anna empezó de nuevo a dar órdenes:

—Por una niña —decía ella—, no nos vamos a preocupar. La mala hierba crece sola.

Pepito vio claro, desde su rincón, que Isabel, angustiada, sería más maltratada que antes del nacimiento del bebé, pero no se atrevía a consolarla. No obstante, se acercó y despejó su pequeño rostro de tez mate con los ojos y el cabello oscuros. La criatura no se parecía a su sonrosada y rubia madre. Miguel bajo la mesa no se perdía nada de la escena; sobre todo quería saber qué iba a decir y cómo se comportaría la pequeña a la que todas las mujeres admiraban entre los brazos de tía Anna. Esta instaló a su cuñada en el rincón del fuego para alimentar a la criatura, que gritaba famélica; todos se inclinaron y vieron que el bebé encontraba buenos recursos y no tendría necesidad de leche de cabra.

En un silencio religioso, las mujeres esperaron: Miguel salió de su escondite, saltó al cuello de Isabel y se agarró a él desesperadamente, con riesgo de herir al recién nacido; nadie tuvo el valor de arrancarlo de ahí.

El muchacho no le quitaba los ojos de encima a la pequeña, que mamaba ávidamente y dejaba de tanto en tanto el seno materno para intentar algo parecido a una sonrisa. Vieron iluminársele el rostro todavía mojado de lágrimas al joven primo, que aflojó su abrazo y con su mano libre acarició dulcemente los negros cabellos de la criatura; pidió a Isabel que le dejara al recién nacido para jugar...

—¿Cómo le llamarás, mamá?

—María de las Nieves y la bautizaremos el día de la fiesta del quince de agosto. Cuando venga el cura.

66

Y Miguel tomó la pequeña mano bronceada de María y la abrazó tanto y tan fuerte que hubo que separarlo de Isabel, y volvió haciendo pucheros bajo la artesa, donde se vengó con el gato, al que mordió una oreja... Después volvió obstinado a abrazar a "la prima".

Isabel se inquietaba, por no saber cómo Miguel, que ella había criado con la ternura de una madre, aceptaría a la pequeña, pero se tranquilizó enseguida. La recién nacida bajo el efecto de las caricias de Miguel se durmió. Isabel ajustó su vestido, atrajo al muchachito a su lado y le habló en voz baja, a fin de no despertar a su hija.

—Ella es todavía muy pequeña para jugar, Miguel, pero tú la querrás mucho, ¿no es así? La defenderás y velarás para que nadie te la robe. Te la doy, abrázala, una vez más, esta noche.

A partir de ese día el niño se tomó su papel con seriedad, y quiso dormir al lado de la cuna. Durante el día vigilaba celosamente a la pequeña.

Isabel, mientras tanto, volvía a los campos, acompañaba a tía Anna para hacer la recogida de la hierba y rastrillar los restos. Dejaban a Miguel el biberón cerca de las cenizas en un puchero de agua caliente, y hasta los seis años cuidó, casi solo, a la niña, que hizo con él sus primeros pasos. No era para él un personaje interesante. Dormía, mamaba y gritaba de nuevo cuando tenía hambre. No era más que un pequeño vientre, decía Pepito admirando al bebé.

Miguel ya no iba a jugar con los otros niños por el pueblo ni a esconderse en las casas en ruina, donde estaba el arte de descubrir entre las piedras resquebrajadas por

67

las terribles variaciones de temperatura los huevos de la culebra de agua, cuando llegaba la estación de los amores.

Pero entonces, cuando la tentación se tornaba demasiado fuerte, no podía evitar abandonar a la "prima" para seguir a sus compañeros. Todos sus jóvenes amigos mostraban una predilección por la especie serpentina y reconocían sin equivocarse jamás su magnífico adorno, tan diferente de aquel de la peligrosa y pequeña víbora de altura de ojos negros y oblicuos, bozal enrollado y con la frente marcada con el signo V más oscuro, sobre sus escamas grises. La culebra de agua enrollada en la calidez de las hierbas perfumadas, entre las piedras blancas y pulidas, salía del río para secarse, la cabeza desplegada sobre los anchos anillos de su cuerpo con escamas esmeraldas, salpicadas de ónix a lo largo de todo su cuerpo hasta el extremo de la cola, que solo se estremecía con las caricias del sol. La soberbia bestia no había todavía mudado ni puesto huevos. Silbaba, con los ojos cerrados, como en un sueño, y llamaba para el apareamiento, al hermoso y valiente macho, que remontaba la corriente, elegante y ágil, la cabeza fuera del agua para responder a la llamada amorosa de la joven hembra.

Miguel, guía del pequeño rebaño de niños del pueblo, temido y obedecido, impedía que se acercaran al reptil. Había que admirarlo de lejos, sin gesticular para no despertarla. La culebra quedaría ahí dentro del habitáculo que había escogido: "su" roca. Vendrían a cazar a la bestia cuando hubiese alcanzado la talla reglamentaria.

El mancebo del farmacéutico subiría en la estación para recoger las serpientes capturadas y pagar a los niños con mercancías, azúcar, jabones, perfumes, tintura de yodo: productos de gran necesidad para las madres de los cazadores de serpientes.

En los pastos, descubrían también, durante la caza de las serpientes, el gran lagarto verde de ojos crueles y mandíbulas terribles, que encontraban, la mayor parte de las veces, trepando alrededor del nido de víboras. Esperaba la puesta para tragarse los huevos de la serpiente.

Los viejos del pueblo le llamaban "baylet des serps", que significa "criado de las serpientes", Miguel se acercaba sin ningún temor. Esos lagartos con escamas nacaradas de jade, de amatista, de turquesa, de ópalo y de esmeralda más bellos aún que las culebras, maravillaban a la joven tropa.

Únicamente los jóvenes trabajadores de los bosques se contentaban con admirarlos de lejos, puesto que se atribuía muy mala reputación a esos grandes reptiles, cuya talla sobrepasaba los cincuenta centímetros.

¡Qué admirable descubrimiento fue para María cuando alcanzó la edad de seguir a su primo a través de bosques y caminos! Desgraciadamente, los ancianos le contaban historias verídicas llegadas de otros lugares a propósito de esas bestias, que detestaban a las mujeres e incluso las atacaban. Ella se acordaba con gran emoción de la aventura de la vieja Luisa Sumastre, que vivía al lado de la Iglesia, al ceder a una necesidad muy natural. Hay que tener en cuenta que en 1955 no existía en el pueblo un solo rincón previsto para esconderse a las miradas de grandes y pequeños, se instalaban sin importarles dónde, incluso delante de su casa, si "ello" urgía. La anciana mujer se había agachado sobre las piedras llanas del puente de la Noguera, cuando se sintió de golpe agarrada por la

69

piel del muslo como por unas tenazas. El dolor fue tan violento, que cayó de espaldas, sin comprender lo que le había pasado, gritando como una bestia degollada. Los perros alertados los primeros atrajeron con sus ladridos a todo el pueblo, que les siguió... La jauría alocada daba vueltas alrededor de la anciana señora que rodaba por tierra en medio de intolerables sufrimientos.

Los animales, rabiosos por los gritos que profería la desgraciada, se le acercaban y se apartaban inmediatamente. Hay que destacar que el lagarto verde es, en estas montañas, el enemigo de los perros y de los zorros, que a menudo han tenido problemas con él mientras cazaban en la maleza. El lagarto se pega a la nariz, sensible por encima de todo, y si no hay una fuente o un estanque cerca para que el perro se sumerja por entero, muere loco ya que el lagarto no abre nunca sus terribles mandíbulas, hasta después de la muerte.

No quedaba ningún hombre en las casas; todos trabajaban en el bosque y en los campos. Las pocas mujeres que vigilaban a los niños se precipitaron al borde del río, desnudaron a la anciana Luisa, le arrancaron el vestido, dejándole solamente la camisa de lana burdamente tricotada; las mujeres de Montgarri no llevaban nunca pantalón. No podían saber de qué sufría la pobre anciana que se debatía como un verdadero demonio y eso no facilitaba la inspección. Cuando al fin se la pudo inmovilizar, las vecinas retrocedieron asustadas por el espectáculo que tenían ante sus ojos. Descubrieron el enorme "baylet", enganchado en lo alto del muslo, en la piel tierna y particularmente sensible en ese lugar. No aflojaba las mandíbulas, incluso bajo los golpes de mazo de una mujer menos robusta que Luisa. Corriendo fueron a buscar una horca de acero, después desesperadas, un tronco en llamas, traído de la primera casa: lo acercaron al lagarto, que se dejó ir. La sangre chorreaba a lo largo de la pierna, entre las garras aceradas de la bestia, y María, jovencita todavía, asistió al espectáculo alucinante y del cual guardó el recuerdo toda su vida.

No solo no experimentó nunca un sentimiento de repulsión o de miedo, sino que cada vez que descubría un lagarto, admiraba su belleza y su salvajismo. Cuando encontraba una guarida, bajo una roca o en el hueco de la corteza de un árbol muerto, no decía nada a sus compañeros, y aun menos a su primo, que no pensaba en otra cosa más que en capturar el fabuloso animal para venderlo al farmacéutico del valle.

Esperaba estar sola y permanecía inmóvil, a respetable distancia, y silbaba dulcemente entre dientes; la cabeza triangular aparecía inmediatamente y lanzaba una lengua bífida, amenazante; dos ojos ampliamente separados con reflejos cambiantes la miraban. No, María no creía, a pesar de lo que había visto, que los lagartos atacaran a las jóvenes. A mujeres malas, como Luisa, tal vez sí, pero no a la pequeña María de las Nieves.

Sabía por otra parte que los hombres no tienen nada que temer, puesto que el lagarto verde es su amigo. Cuántas veces su padre adormecido bajo un árbol, a la sombra, después de la frugal comida que las mujeres y los niños le llevaban a los campos, fue despertado por el silbido de un lagarto verde, estirado sobre la tela de su chaqueta. Parado a su lado Balère, el perro, mudo y tembloroso, no daba la alerta, pero se fijó aterrorizado en la enorme víbora que

71

se deslizaba ondulando sin ruido, en la dirección de su dueño. El incidente se producía muy a menudo durante los grandes calores. El lagarto, de un salto, daba caza a la serpiente y la perseguía: el hombre había salvado la vida.

Algunas veces el dueño de la casa Juan Gran venía a charlar con Isabel y Manuel en el rincón del hogar para ahuyentar a Anna y a las otras comadres, se instalaba cómodamente y silboteaba una pequeña melodía singular entre sus labios. Ello atraía a María, que iba a sentarse, jadeante y curiosa, a su lado en el banco.

Inmediatamente, del bolsillo de la chaqueta o de la manga de la camisa, la cabeza triangular, después el cuerpo gemado de oro, salían tranquilamente, y el lagarto inspeccionaba la cocina y a la gente. María soñaba con tener una bestia tan peligrosa; adoraba todo lo que corría, lo que cantaba, pero sobre todo a las bestias salvajes que defendían con encarnizamiento su paraíso en las rocas de la montaña durante la estación de los aparejamientos.

Al hacerse mayor, le parecía que se convertía en reina de las crestas de la Maladeta de nieves eternas; su primo conocía tan bien como los ancianos del pueblo los signos del cielo y el significado del vuelo de los pájaros y sus gritos. Predecía la lluvia o el buen tiempo para impresionar a la jovencita, que lo consideraba como un adivino.

Si el cielo no estaba nublado, los dos niños partían para descubrir las ardillas en los castaños al borde del río y los halcones en lo alto, en las rocas. Cuando ella estaba cansada y lloraba, él la avergonzaba por su falta de valentía; ella se endurecía como hubo de hacerlo antaño su madre, la frágil y tierna Isabel.

72

María, bien estructurada, poseía una fuerza de voluntad digna de sus antepasados paternos. Manuel por otra parte era un coloso.

Esos montañeses del pueblo como todos sus antepasados no pensaban en regresar a la cabaña hasta que se acercaba la noche.

En los oscuros tiempos de la prehistoria los hombres volvían así a la cueva protectora de la horda. El refugio primitivo se transformó a lo largo de milenios en habitáculos menos rudimentarios, pero las costumbres persistieron y se transmitieron a través de los siglos.

Con un poco de resentimiento, como si la futura mamá tuviera el poder de hacer nacer su niño "a su voluntad", Anna decía a sus hermanas:

—El invierno se acerca, será necesario que se dé prisa, si no, la nieve la aislará en Montgarri y allá ella si le ocurre alguna cosa.

Un niño, ¡qué noticia! Mamá iba a traer un niño a la casa Feriba: el primo mayor explicaba esto a la pequeña: los dos niños, sentados sobre el suelo, en medio de la cocina, comprendieron que esta vez el intruso devoraría a su madre, daría órdenes a todos y perturbaría su vida.

Los días pasaban, soleados, refrescando un poco por la tarde; se sentía el acercamiento de la nieve, que ahí arriba descendía suavemente, un poco más abajo cada noche, a lo largo de las pendientes áridas de la Maladeta; sobre esa capa virgen, los cazadores seguían las huellas frescas de la horda de jabalíes. Tragada la cena rápidamente, los hombres preparaban su escopeta y los niños jugaban con las bolsas de piel de cerdo que se llenaban de pólvora y con los tacos de carbón que guardaban en su caja. Intentaban contar las bestias que habían rodado por el pueblo por las huellas que dejaban. Esos preparativos hacían las delicias de los niños, pero María no compartía la alegría de su primo.

—Es un macho —decía tía Anna.

Desde que los niños supieron que los recién nacidos llegaban casi siempre de Vielha, al fondo del valle, Miguel acostumbraba a atravesar el puente del Noguera arrastrando a María detrás de él, al otro lado del río; allí sentados y atentos vigilaban el sendero que triscaba entre rocas y precipicios hasta Montgarri. Miguel hacía partícipe de sus celos y su rencor a su prima y atizaba las brasas de ese mal innato en todos los niños.

—Cuando pasen sobre el viejo puente —le decía él— los que vendrán a traer el niño a mamá Isabel, los perseguiremos a pedradas y caerán en el río. "Entendido y comprendido". Y tú, María, vigilarás el río; si quieren salir, cogerás el bastón y los empujarás otra vez al agua; esperaremos hasta la noche, ¡y todos estarán contentos!

El nacimiento del segundo hijo de Isabel se hacía esperar. Cuando llegó la hora, fue demasiado tarde para preparar el jumento: dos metros de nieve, caídos durante la noche, obturaban ya las puertas y las ventanas de las casas. Manuel envió a los dos niños a casa de los Laurens con la ropa para algunos días y un gran pan redondo de la hornada que Isabel quiso cocer antes de alumbrar, para no dejar a los suyos sin pan.

María iba a encontrarse los ocho niños de la vecindad y partió alegre enrollada en una capa y llevada a hombros

74

por Pepito, cuyas botas se hundían en la nieve hasta media pierna. La pequeña olvidó por un momento al hermano inoportuno. Miguel, por su parte, oía a las mujeres hablar de los peligros que correría Isabel sin la ayuda de un médico, que incluso bajo el más urgente de los pretextos no podría subir del valle hasta Montgarri para salvar a la madre, si fuera necesario. La única cosa que comprendió Miguel es que mamá iba a morir. Siguió a Pepito, ya que no quería separarse de María.

En dos días, la capa de nieve alcanzaba los tejados de las casas y Miguel, con el corazón rabioso, quería forzar a su prima a entender lo que le volvía loco de desesperación. Sería necesario que le escuchase y que hiciese entrar en su cerebro de niña "sin cerebro", decía Pepito, que el bebé tan esperado por Manuel mataría a mamá o se "la comería viva"... y ella se estremecía.

La primera noche en casa de los Laurens, Miguel y María, acostados sobre un colchón de gruesa tela, conversaban en voz baja acerca del "niño". Miguel consiguió hacer sollozar a la pequeña, que comprendió que debía detestar al "hermano pequeño" para no contrariar a su primo. Este hacía un retrato tan horrible del niño, tan deseado por Isabel y Manuel, que soñó con él durante la noche. En esas pesadillas rodaba desde el colchón al suelo para escapar de "ese" que nacería jorobado, que les mordería como mordería el seno rosa y tierno de su madre... y Miguel entonces aterrado apenas podía consolarla.

La espera del alumbramiento se prolongaba en casa Feriba causando mucha inquietud; María lloraba dulcemente durante la noche, no quería a ese hermano pequeño, reflexionaba, después sacudía a Miguel, que dormía

75

profundamente, él se despertaba y la escuchaba pacientemente.

—Tal vez si tú vas a suplicar a mamá que vuelva a llevar el niño a Vielha, te obedecerá...

Después decidieron no volver a casa, en el caso de que ella rechazara su propuesta. Al día siguiente hablaron de ello con la vecina que les acogía. La valiente mujer, que había traído ocho niños al mundo, les reprendió severamente.

—Vale más un niño de más, que uno de menos —decía ella sentenciosamente, ninguno de los dos lo comprendió y no siguieron. De buen grado o por la fuerza habría que aceptar al pequeño ser que acababa de llegar a la casa de Manuel, esa misma mañana. Perplejos, ambos esperaban a que les llamaran para volver a casa.

—No llores, Maritchon —decía Miguel—, yo arreglaré todo esto, ya lo verás: ni tú ni yo queremos ese hermano pequeño, ¿no es así? "Entendido y comprendido".

En cada ocasión, repetía esas palabras mágicas que bisbiseaba sin cesar ese viejo chocho de Antón. El viejo soldado había traído esta expresión de algún lugar de Andalucía o del Marruecos español, y la gente del pueblo suponían que había pasado algunos años rompiendo piedras en las carreteras con un guardia de presidio en los talones. El viejo añadió con buen acento "Inch Allah".

Estas últimas palabras, absolutamente incomprensibles, Miguel las tartamudeaba para dar fuerza a sus argumentos. Fue justamente el padre Antón el que fue a buscarlos al mediodía. El buen hombre, a quien habían hecho tomar un baño el día anterior, tendría durante algún tiempo el permiso de entrar a ver a Isabel y abrazar al recién nacido. Daba gusto ver la alegría del anciano, pero al contrario llenaba de rabia el corazón de los dos primos... Al salir se miraron con mirada cómplice, y Antón les dio algunos sabios consejos.

—Está "entendido y comprendido, Inch Allah" —dijo, irguiéndose—, vais a entrar sin hacer ruido, el pequeño duerme como un ángel, vais a ver lo hermoso que es, ¡más hermoso y más bueno que vosotros dos, sinvcrgüenzas!

E hizo subir a María sobre sus hombros, puesto que la nieve le llegaba ya a media pierna. Miguel, con sus raquetas, le siguió. Las casas estaban todas próximas, el joven arrastraba el paso y reflexionaba. Se acordaba de la acogida que él había reservado a María Isabel cuando nació María de las Nieves, pero al hacerse mayor, su prima se había revelado una joven valiente, una amiga que compartía sus gustos y sus rencores. Le obedecía y lo trataba con respeto, además de lo que dijo Antón, la encontraba bonita, demasiado bonita, para hacerla su esposa. ¡Veremos eso más tarde, tenía que reflexionar, pues era muy pequeña! Mientras tanto, le obligaría a comer su ración de lentejas (que detestaba y que ella tragaba, aunque eso significara devolverlas cuando no la vigilaban). Pero si exigía de ella cualquier cosa era por su bien, le decía. Y todas las mañanas ella corría al encuentro de Pepito en el establo, con su bol, para reclamar la primera leche del ordeñado. Esta costumbre que había adoptado bajo los consejos del viejo Antón regeneraba las fuerzas de María.

—En cuanto al pequeño hermano, ya veremos qué tendremos que hacer un poco más tarde. —Demasiado sincero para saber disimular sus celos delante de mamá, el joven se obstinó en no querer abrazar al recién nacido.

—¡Lo encuentro feo! —decía, y María gruñía. Ella tampoco quería saber nada de ese pequeño. Los padres reían y pensaban que sería cosa de pocos días, ¡sin duda!

Todo parecía calmarse; en efecto, el bebé crecía y tenía ya tres meses. Un niño nacido bajo la nieve no es nunca muy vigoroso, pero ello no inquietaba a sus padres. Los días iban pasando uno tras otro.

La opinión de Miguel no cambiaba, lo encontraba siempre tan feo, y no pensaba más que en desembarazar la casa del intruso. Esta idea tenía su eco en el espíritu de María y se enraizó en ella.

Isabel tenía que salir para cuidar las mulas; el heno disminuía en todos los pesebres del pueblo y muchas casas tenían escasez de comida para las preciosas vacas lecheras. Manuel salió de buena mañana para ayudar a Joaquín Blay a deshacer una parte de su tejado de paja todavía fresca para alimentar durante algunos días a las vacas y las mulas que bramaban y se impacientaban en el establo. Casi cada invierno la paja descendía de las vigas a los pesebres, y se aceptaba de buen grado disponer de esa paja, en reserva, aunque eso significara dormir bajo un techo de tablas desarticuladas.

Esa mañana Isabel volvió muy pronto para dar el desayuno a los niños y dar de mamar al pequeño, después se puso a amasar la pasta para la hornada de pan que tenía que cocer por la tarde. El buen olor de la harina de trigo y de centeno invadía la cocina.

En el horno encendido desde la mañana, se apercibían por la puerta de hierro fundido que permanecía entreabierta las brasas de madera de pino y de alerces cuyas llamas lamían la bóveda profunda del horno.

La joven madre dejó el cuidado del bebé a los niños, que estaban terminando su bol de pan y leche, y fue al encuentro de sus cuñadas en casa de los Viu, cuyo último hijo sufría cada día crisis de epilepsia.

¿Qué pasó por la cabeza de Miguel? Tan pronto Isabel hubo cerrado la puerta detrás de ella, arrastró a María al lado de la cuna donde dormía el hermano pequeño y dejó estallar tal alegría que María recuerda todavía que habían bailado alrededor de la mesa. Miguel, en una zarabanda endiablada, hizo subir a la pequeña a sus espaldas jugando un momento al "butrumbe" para darse valor. La niña reía y olvidó el juramento que le había hecho a Miguel; no sabía por qué.

Arrastrando una silla al lado del horno, hizo sentar a la pequeña, y con gesto solemne, habló con la mano tendida, vengadora, encima de la cabeza de su prima.

—Así está bien, ahora, vas a ayudarme a meterlo en el horno; ¿no dirás nada a Isabel, verdad? Esta vez nos desembarazaremos para siempre: "entendido y comprendido, Inch Allah", escupe y jura —y María lo hizo.

Después él se dirigió hacia la cuna, cogió al bebé dormido. La pequeña lo cogió por los pies y Miguel por los brazos y esos dos inocentes iban a consumar el crimen, cuando el cielo, tocado sin duda de piedad, envió un ángel guardián en la persona de la vecina que, en ese preciso

79

instante, abrió la puerta y exhaló un verdadero aullido delante del espectáculo que se ofrecía a sus ojos.

Sorprendidos por ese grito, Miguel y María soltaron al bebé, que rodó sobre el suelo, y ambos huyeron a la buhardilla.

Todavía hoy los dos primos se horrorizan cuando rememoran la escena. En aquel momento no sintieron el más pequeño remordimiento. ¿Por qué iba a ser de otra manera? Solo el temor de ser regañados les inquietaba, pues para ellos, sobre todo para Miguel, el bebé no era más que un pequeño animal, como los gatitos que iban a ahogar en el Noguera y que llenaban los hogares de las pobres gentes. Eso solo justificaba para él el acto que premeditaba desde la llegada del hermano de María, pues ambos sentían crecer cada día a los malos consejeros, los celos.

El bebé se repuso muy de prisa de algunas equimosis que le ocasionó la brutal caída sobre el suelo. Miguel como castigo tuvo que quedarse más de un mes con Pepito y ayudar al criado en sus trabajos sin excepción. Aprendió a pulir el filo de los arados de madera, el acero no había nunca desgarrado los surcos del pueblo. Cambiaba la paja de las sillas, limpiaba las caballerías en el establo. Estos trabajos parecía que le gustaban, no mostró descontento con el trabajo. El verdadero castigo tenía otra causa, ignorada por los padres, que le llenaba de miedo. Pepito iba cada noche a casa de la viuda de José Moga y cuando volvía, hacia medianoche, y se creía que estaba solo en la buhardilla o en su habitación, Miguel lo oía remover los muebles y en voz baja hablar con Rosita aunque esta no se había movido de su casa.

80

Casa Feriba.

Casa Joan Gran.

Casas del Dossau.

Santuario de Montgarri, 1921.

Vecinos de Montgarri delante de casa Feriba, 1950.

Pepito gemía durante un momento y lloraba con grandes sollozos, después abriendo la ventana de la buhardilla amenazaba a Rosita con tirarse al vacío. Asustado, el niño, que le seguía, cayó por la escalera y escondió la cabeza bajo las sábanas. ¡No podría resistir por mucho tiempo a esas emociones pero no se atrevía a quejarse a Isabel!

—¡Hija de Satán —gritaba Pepito—, tú tienes la culpa de que el "Espíritu" vuelva a la casa cuando quiero verte! Me impide avanzar y me tiene clavado al suelo. Ahí arriba se habla una lengua que yo no entiendo, y trae las cadenas de los comederos que después no encontramos en el establo a la mañana siguiente. Tú misma me lo has dicho.

Pepito amenazaba con marcharse de Montgarri y quería obligar a su amante a seguirlo, para no ver más la casa del muerto delante de la cual tenía que pasar en todo momento.

Miguel, armándose de gran valor, pidió una noche a Pepito que le dejara acompañarlo a casa de su amiga; pero de pronto el criado entró en una crisis de cólera tan furiosa que el niño huyó, temblando, y corrió a encontrar a Manuel e Isabel para contarles los tormentos que sufría día tras día el pobre criado. Pero estos no se mostraron por otra parte inquietos por el comportamiento del criado y consideraron suficiente el castigo de Miguel.

De allí en adelante siguió a su tío en la caza en el bosque o ayudándolo en la reparación de los tejados de paja estropeados por los elementos. En cuanto a María, como castigo fue atada al pie de la mesa durante muchos días, después entraron la normalidad y el olvido.

81

Con la vuelta del verano María tenía un año más. La chiquilla, de cabellos negros, de tez apagada, delgada como un duende de los bosques, sólida como Miguel, sentía al hacerse mayor una loca ternura por los animales. Salía por la mañana temprano, con la bolsa de tela en la que Isabel ponía su bocadillo colgada de la espalda, llevando siempre tras de ella a su perro de pastor Balère que la seguía por los prados y dormía a su lado en la habitación de la primera planta. Sus padres la regañaban, tía Anna se ponía de su lado a escondidas, pero nada ni nadie se oponía a sus caprichos. Había que consentir sus fantasías. Tomaba la yegua por la cabeza con la brida y la conducía al lado del banco de piedra del establo y de ahí a pelo se agarraba a la crin y saltaba sobre su lomo y toda la caballería del pueblo seguía. Cada familia tenía su turno de guardia. Esas bestias casi salvajes vivían libremente en el exterior y no siempre obedecían a los perros, se peleaban a menudo y furiosamente entre ellas. El espectáculo de esas batallas entusiasmaba a María y alguna vez la asustaba, cuando las bestias, alzadas sobre sus patas traseras, se abalanzaban una sobre otra batiendo el aire con sus cascos que alcanzaban a menudo su objetivo. Las mordeduras hacían relinchar de dolor a las yeguas menos beligerantes a las que las más agresivas atacaban.

Un día, Balère, queriendo separar dos animales, perdió un ojo arrancado de un mordisco. María, desesperada, abandonó allí en los pastos a la horda de animales y con infinidad de trabajos, llevó a la pobre bestia, casi tan pesada como ella, a casa Feriba. Se encerró en su habitación con su fiel amigo y con mucha dulzura y lágrimas en los ojos, le lavó y vendó la órbita, que rellenó de algodón.

82

Como de costumbre, instaló a Balère para pasar la noche. Cuando el cachorro tenía unas pocas semanas, dormía con su pequeña dueña en su cama, pero más tarde le hizo dormir en una caja en el suelo. Esa noche, el pobre animal aulló sin descanso porque los dolores no se apaciguaban y María, asustada, lo llevó a su cama y lo veló hasta la mañana.

El ojo se perdió, pero ella curó durante mucho tiempo a Balère, que, tan pronto cicatrizó la llaga, retomó el camino de las praderas, detrás del ganado. La crianza de caballos y mulas representaba la partida más importante de los ingresos del pueblo.

Los hombres bajaban los días de feria, dos veces al año a Esterri y a Vielha, para vender los jóvenes potrancos. Estos preciosos animales causaban muchas molestias a sus propietarios. Algunas veces el oso hacía una incursión sobre el terreno de pastoreo y asustaba a las bestias, que huían a la desbandada y a menudo se rompían los miembros. El oso perseguía entonces a los potros, que devoraba allí mismo ante el pastor aterrorizado.

Una noche, en casa de Manuel, apenas después de poner la cena encima de la mesa, Mercedes de Laurens entró con mirada perdida, temblorosa, en la cocina y pidió al dueño de la casa que llamara a los vecinos para socorrerlos, porque hacía bastante rato las cuatro yeguas de cría desatadas de sus establos se peleaban en la cuadra y nadie osaba acercárseles. La consternación se hizo patente en todos los rostros. María, como los otros, más tal vez que los otros, sintió esa angustia que trató de dominar. Su padre se levantó, y la pequeña corrió tras él. ¡Esas yeguas

83

de cría que conocía tan bien! Las acariciaba a menudo y las bestias de Laurens eran las más dóciles del rebaño. Negrita, a la que amaba sobre todo y que la obedecía como Balère, se dejaba coger dócilmente por la pequeña sin ninguna duda, porque María la había salvado al nacer alimentándola con un biberón.

Todos los hombres del pueblo se encontraban ya reunidos delante la puerta del establo, y María escuchaba angustiada el ruido ensordecedor de las patadas contra las paredes y contra la madera de los comederos. Tres hombres, Cabau, Juan Gran y Viu, sosteniendo con gran esfuerzo la puerta del establo, esperaban los refuerzos. Sobre el banco, apoyado en la pared de la casa, Isabel y la señora Gallart curaban a un hombre cuyo rostro que estaban vendando tenía una ancha herida. El imprudente había entrado en el establo para intentar calmar a las bestias furiosas y había recibido una terrible patada. Manuel ayudado por Pepito se hizo traer un garrote de alerce y lo fijaron al través de la puerta, cuyos batientes empezaban a ceder bajo el empuje de esas bestias excitadas.

Solo se ofrecía una posibilidad: pasar por el tejado, arrancar la paja y desde ahí arriba, intentar coger la más peligrosa de las potrancas con lazo para dominarla e inmovilizarla. En el interior el espectáculo era horrible; los animales tenían en el cuello y en la grupa anchas llagas sangrantes, sus ojos exorbitados lanzaban destellos fosforescentes en la penumbra del establo.

María y las mujeres enloquecidas miraban desde lo alto de la escalera, por el único ventanuco, el horrible espectáculo de esa zarabanda infernal. Los gritos estridentes no tenían nada en común con los jadeos dulces y modulados de las bestias tranquilas que María conducía cada día al pastoreo.

La calma volvió unos segundos, después la batalla se reanudó más violenta. Los hombres, exhaustos e impotentes ante esa fuerza ciega, decidieron ir a buscar ayuda en Vielha. Uno de los más jóvenes, Diego, partió a caballo y se le vio descender a toda velocidad por los atajos.

María, desde lo alto de los últimos barrotes, lloraba y hablaba a las bestias para calmarlas. Una de ellas, con la oreja arrancada, miraba a la pequeña pastora con una mirada demacrada y casi humana; la desgraciada bestia intentaba acercarse a la mano que le tendía María, esta cogió la crin y tiró:

—Negrita ven, levántate un poco más, estos salvajes te van a aplastar, tú eres la más dulce, hazme caso, mañana te curaré y no quiero que mueras. Ven más cerca.

La valiente yegua se puso en pie sobre sus patas desesperadamente, comprendiendo que la ayuda le vendría de su pequeña pastora...

Y los hombres hicieron pasar un cabestro a María, pero sus brazos no eran lo bastante fuertes, y las otras bestias furiosas se lanzaron sobre Negrita, pisoteándola de nuevo y mordiéndola. La pobre bestia moribunda no intentó ni siquiera defenderse o levantarse de nuevo.

El pueblo entero compartió el desespero de Mercedes. Cuando fallecía un miembro de la familia, no se exteriorizaba nunca su dolor; pero cuando se trataba de caballos o de mulas, todos, niños y mayores, dejaban caer sus lágrimas sin vergüenza. Se esperó unas horas y llegada

85

la noche, Diego, casi muerto de cansancio, se reventó en el camino, pero trajo al veterinario. No se oyó ni una sola palabra entre el grupo de gente ansiosa. Los animales sin fuerza ya para relinchar lanzaban todavía patadas y se enfrentaban duramente. No tuvimos más remedio que obedecer las órdenes del veterinario. Lanzamos el lazo por la abertura del tejado.

Los hombres lucharon aún unas horas para levantar la yegua que acababa siempre rompiendo la cuerda, cayendo otra vez sobre sus congéneres cuya locura de morder se retomaba. El veterinario ordenó a los hombres bajar e hizo cargar un fusil:

—Estas bestias son presas de la rabia —dijo él— y deben ser abatidas inmediatamente.

Entre esas gentes se produjo un verdadero grito de revuelta, porque estaban más apegados a sus tierras y sus animales que el hombre del llano. Ninguno de ellos osaba coger el arma, incluso Manuel, que era sin embargo menos sensible, sentía que el fusil le temblaba en las manos.

Cuatro tiros resonaron en el establo y las bestias con estertor rodaron sobre la tierra batida, surcada, arrancada, mojada de sangre y de baba.

Los cobertizos se encontraban al otro lado de la calle y no soplaba ni una brizna de viento. Cabau y los vecinos cerraron tan herméticamente como les fue posible la puerta y las contraventanas, hicieron caer el tejado de paja entre los cuatro muros y lanzaron leños encendidos. Saltó una gavilla de chispas, crepitando como el fuego de San Juan.

Una vez desinfectados y blanqueados los muros del establo, sería necesario reponer los comederos y reconstruir los cerramientos.

Tal vez habría que esperar meses hasta rehacer toda la carpintería, aun siendo basta, y todos en el pueblo se tendrían que ocupar de ello.

En medio de la humareda que ascendía ahora derecha hacia el cielo, las llamas lo habían devorado todo. Un horrible olor se había estancado en el aire calmado, y se descubría el esqueleto medio consumido de la cabra que cada propietario guardaba en el establo, como lo mandaba la costumbre, para proteger el caballo y las mulas de la enfermedad. La pobre había parido dos cabritos, tres días antes, pero nadie había pensado en ella ni en sus pequeños.

Los hombres fueron al otro lado del Noguera para cavar una fosa y llevar antes de la noche los cadáveres de las bestias contaminadas.

El médico veterinario vacunó todos los rebaños del pueblo, los perros de pastor fueron puestos en cuarentena. María pensaba en Paloma, el pequeño cordero que había criado con biberón, que la seguía a los pastos detrás de los caballos y que hubo de vacunar también, así como a su perro Balère, que tuvo que encadenar llorando. El veterinario se marchó y prometió hacer subir, tan pronto llegara a Vielha, sacos de cal viva a fin de recubrir la fosa de las yeguas. Alrededor de los montículos los hombres velaron toda la noche para impedir a los carroñeros y merodeadores de las montañas desenterrar los cadáveres, que corrían el riesgo de transmitir el virus de la rabia en el valle. Se prohibió la caza durante cuarenta días, incluso

87

los furtivos obedecieron esa ley de prudencia y las reservas de carne bajaron.

Después de algunas horas de espera, en esa noche fría, los vigilantes vieron llegar a través del bosque, en el sendero de las rocas, la caravana de mulos cargados de sacos de cal, y precedida por dos hombres portadores de antorchas que iluminaban la impresionante procesión en esa noche de terrible espanto en la que el maligno había golpeado al azar y hundido a todo el pueblo en el luto.

Nadie se acostó esa noche. Los vecinos fueron a velar a la casa de los Laurens como si se tratara de la muerte de un miembro de la familia. Cada uno de ellos tenía más o menos que temer el contagio de su ganado; esta idea llenaba los corazones de angustia, ¡cuarenta días! El dueño en su casa vigilaba su rebaño. Una yegua representaba al venderla, el pan y el alimento de la familia para todo un año. A la más mínima indisposición de una oveja o de un perro que perdía el apetito se llamaba al vecino. La mayor parte de las veces se recurría a Manuel, el abnegado, el bueno y valiente Manuel de casa Feriba que, tan inquieto como sus compatriotas, temblaba por su ganado.

María contaba los días y vigilaba a su valiente Balère. Pasaba largos momentos, cuando los suyos salían a los campos o dejaban la casa, haciendo compañía a la pobre bestia y acariciándola. El perro, bullicioso, comía y bebía hasta la saciedad. Jugaba con su joven dueña, extrañado que se ocuparan así de él y que lo tuvieran encadenado todo el día.

María, analfabeta, pidió a su madre cuarenta piedrecitas recogidas en el río. Las guardó cuidadosamente al fondo de una pequeña bolsa y cuando caía la noche, salía a arrojar una a la corriente del Noguera. Esta peregrinación se parecía al cumplimiento de una promesa. Miguel, que la acompañaba, se reía de ella, pero ella no sentía ninguna vergüenza.

Le explicaba que cada piedra representaba un día menos de inquietud, y de prisa volvía a entrar en la casa e iba a preparar un gran puchero de pan con leche para la cena de Balère, al que desataba. Después de dejarle hacer la vuelta por el pueblo lo hacía subir suavemente a su habitación. La bestia inteligente se metía bajo la cama de su pequeña dueña hasta la mañana. María entonces bajaba en camisón, descalza, y encadenaba de nuevo a su perro hasta la noche.

Su única preocupación era volver de nuevo a Feriba después de la jornada de trabajo para ir al encuentro y acariciar a Balère y llevarle algunos dulces. El animal contento se ponía a ladrar: signo de su buena salud.

"Cuando la desgracia entra en una casa hace nido en ella", decían los viejos en Montgarri. En la casa de Mercedes Laurens la más joven de las muchachas, que tenía apenas dieciséis años, de hermosos cabellos oscuros, un talle fino y ojos negros para volver locos a todos los chicos de su edad, encontraba cada vez más placer en la compañía de Diego. Jugaban y corrían por los prados y los bosques con todos los otros granujillas del pueblo, y María la acompañaba casi cada día en la recogida de frutos salvajes, pues una noche que Diego, más apresurado que de costumbre, volvía de llevar a Pilar a casa de sus padres, estos sorprendieron a los dos adolescentes abrazándose

89

antes de separarse. Mercedes habló de ello a los Viu, los padres de Diego. Estos se tomaron la cosa en broma, pero Laurens, el padre de Pilar, no lo entendió de la misma forma, y sin darle la verdadera razón a su hija le ordenó no frecuentar más al muchacho.

María, viendo el desespero de su amiga, no entendía nada, pero para parar el llanto de Pilar, se había dado cuenta de que era suficiente que Diego le encargara un recado para la joven llorosa. Esta inmediatamente estrechaba a María en sus brazos y se escapaba de casa con el pretexto de ir a trabajar en los prados y la pequeña de casa Feriba, sin saberlo, inocentemente, preparaba una vida de desgracia a sus dos amigos. Sus padres no ignoraban que Diego sufría "dolor de pecho" del cual sus hermanos pequeños morían unos tras otros, al cual él también estaba condenado. Informaron de ello a su hija, que por otra parte no hubiera cambiado de idea. Desesperado por no ver más a la que había prometido desposar, huyó una noche con un poco de ropa y algún dinero. Informó de ello a María, que prometió prevenir a su amiga. Pasaron las semanas y los meses. Pilar supo con estupor por el viejo Antón, que conocía todos los secretos de las casas del pueblo, que Diego, muy enfermo, estaba en un hospital de Barcelona. Sabiendo que llevaba en sus entrañas una criatura, y que su padre sería capaz de matarla, huyó a la montaña y la encontraron después de tres días de búsqueda muerta de hambre en las rocas.

La criatura nació enfermiza, a penas con futuro, en la casa del viejo Antón, que, por amor a los niños, recogió a la pobre muchacha. Mercedes e Isabel fueron a asistir a la ignorante joven madre, pero el desespero de ver a su

90

hija tan cerca de la muerte le arrebató las ganas de vivir...
y tan pronto estuvo en estado de salir, huyó de nuevo al
reencuentro de Diego. Por segunda vez se perdió y los
hombres del pueblo la encontraron semidesnuda, bailando y cantando entre las retamas doradas, más altas que
ella; había perdido la razón.

Ello fue para bien; esta vez, entró en el pabellón de
los locos en Barcelona, en el hospital donde se moría el
pobre Diego... Nadie habló más de Pilar, pero la pequeña
sobrevivió, y Antón encontró por una vez la posibilidad
de cuidar a una criatura que casi le pertenecía. Una tía
vino a arrebatársela dos años después. Antón pensó morir
de pena, fue Isabel quien le devolvió las ganas de vivir.

Como la desgracia había entrado en casa de los Laurens, la inquietud se abatió una noche en la Feriba, en
casa de Isabel; María se acuerda todavía hoy de que su padre y Pepito habían ido al establo para cambiar las jergas
del ganado. Los dos hombres hacían descender el heno
en los pesebres. De golpe, Manuel soltó un grito y tuvo
apenas el tiempo de ver escabullirse bajo el heno seco
una víbora a la que habían estorbado en su hibernación.
Transcurrieron algunos segundos; ambos volvieron preci-
pitadamente a casa. El dueño temblaba, estaba pálido, un
torniquete hecho de trozos de cuerda recogidos en el establo por Pepito apretaba el brazo del desgraciado, que dio
algunas órdenes a las dos mujeres enloquecidas. Él llevaba
la víbora, una de las más venenosas que se conocen, que
había matado de un golpe de horca, enseguida después
de su fechoría. La bestia se estremecía todavía sobre la
placa del hogar. Anna corrió a buscar a Paba de Cabau, el
contrabandista, que al mismo tiempo era un poco brujo y

91

curandero. Examinó la bestia y asintió con la cabeza con un aire inquieto:

—Es la más mortal de la montaña —dijo, sin pensar que las mujeres y los niños le rodeaban y escuchaban.

Manuel no se movía. Su mano se hinchaba y el torniquete fue desplazado dos veces, más arriba, hacia el bíceps. La hinchazón iba a más; vio de golpe a su mujer corriendo hacia el armario donde guardaba los medicamentos de urgencia, cogiendo una ampolla antiveneno y preparar la jeringuilla para ponerle una inyección. Cabau la paró: él conocía una medicación que estaba probada desde hace centenares de años y hacía maravillas; cogió de su bolsillo la navaja de muelle que siempre llevaba consigo, la pasó por las llamas de la lumbre, pronunció algunas palabras que nadie comprendió y, cogiendo a la víbora, le cortó el cuello; después fue a buscar un trozo de madera dura, aplastó con finura la cabeza del reptil y aplicó esa mixtura asquerosa sobre la herida, que vendó. En todo caso el éxito estaba asegurado, según dijo él.

Isabel volvió a poner de mala gana la jeringa y la ampolla en el armario y esperó el efecto de ese horrible cataplasma. No se sabe cómo, ni por qué milagro, los vecinos y casi todos los habitantes del pueblo, sabedores de ello, se colaron en la cocina. Corrió la noticia como el fuego, se habían enterado del accidente, cada uno proponía un remedio particular. Las mujeres lloraban. Isabel veía que su marido, sin embargo, resistente al dolor, no podía disimular sus dolores y ella sufría tanto como él.

La joven mujer angustiada veía ampliarse el círculo negro alrededor de los ojos de Manuel y la hinchazón ganar ya los hombros. El curandero tuvo que convenir que su tratamiento no se revelaba siempre eficaz. Isabel lo apartó, decidida a poner la inyección... que no dio mejor resultado; sin duda, era demasiado tarde.

Algunos hombres tomaron la decisión de llevar inmediatamente a Manuel al hospital de Vielha. El enfermo fue izado sobre su yegua y se le bajó por el camino más corto al valle. María y Miguel consolaban a su madre, que sollozaba desesperadamente.

El veneno de la bestia actuaba muy rápido y se creyó en un momento que el desgraciado iba a pasar de vida a muerte. Solo salió bien librado a costa de un largo mes de cuidados.

Para reemplazar a su hermano, que hacía tanta falta en la casa, Anna aceptó la ayuda de uno de sus parientes lejanos que vivía en el valle, en Esterri. El hombre, valiente e intrépido, se dejaba maniobrar por la terrible mujer, quien intuyó en él a un marido dócil y complaciente. Cuando Manuel regresó debilitado de Vielha, Anna le impuso un cuñado, ya que también Pepito estaba decidido a casarse con Rosita Moga y a irse con su mujer a Aragón para colocarse como aparceros.

María obtenía de su tía todo lo que deseaba, porque la irascible mujer se había tiernamente apegado a la criatura, que la seguía paso a paso siempre, como el polluelo sigue a la clueca. Isabel sufría por ello un poco y la envidiaba. María dormía con su tía; de esta última era de la única que aceptaba las advertencias sin revolverse. Ese extranjero instalado permanentemente en la Feriba inquietaba a la pequeña.

93

La boda tuvo lugar sin fastos, y por la noche después de la cena se produjo un gran escándalo: María vio a tío Juan entrar en la habitación tras de tía Anna y cerrar la puerta. La muchacha se precipitó y golpeó con grandes puntapiés los marcos de roble y gritando, tanto y tan bien que tuvieron que abrirle. María se agarró a las barandillas, trepó sobre la cama y cogiendo a su tía por el cuello se durmió entre los dos esposos. La leyenda familiar cuenta que tía Anna para no hacer llorar a su pequeña testaruda aplazó su noche de bodas. María se acuerda muy bien y sostiene que no dejó los brazos de su tía y que por la mañana estaban solas. Tío Juan, que se había levantado muy pronto, cuidaba el ganado. Había ido a dormir en el heno en la buhardilla para digerir su decepción.

Por la mañana, decidido a no pedir nada a su esposa, calentó él mismo un enorme bol de leche, Anna y su pequeña sobrina, absolutamente sonrientes, encontraron al muchacho mudo y reprimido, con la nariz dentro de su taza. Las dos traviesas esperaban a que él hubiera terminado para exigir que el recién casado les calentara el desayuno y cortara dos lonchas de tocino. Se levantó de pronto furioso. Anna, inquieta, se dispuso a retraer sus garras cuando Isabel penetró en la cocina y abrazó a su nuevo cuñado que, sin decir una palabra, sonriendo, se precipitó para avivar el fuego y saltó sobre una silla de madera, con el cuchillo en la mano, dispuesto a cortar el tocino. Algunos instantes antes hubiera querido utilizar la peligrosa arma para cortar el cuello de su mujer.

María inocentemente fue a tirar de la chaqueta de tío Juan:

94

—¿Dónde has dormido, tío? —preguntó ella—. Esta noche podrás ir a dormir con tía Teresa, que no tiene marido ni sobrina pequeña.

Isabel fue a contar a Manuel las reflexiones de su caprichosa hija y los consejos que daba a su tío para su segunda noche de bodas.

María alcanzó los siete años, e Isabel, mortificada y humillada al ver a su hija vivir salvajemente como los otros niños del pueblo, se desolaba. En Montgarri había sido siempre así. Algunas mujeres ni siquiera conocían el valle de ahí abajo. ¿Para qué habría servido eso? Ellas no deseaban nada y los hombres sabían a penas contar para la venta de mulas. Ningún maestro de escuela ni ningún cura hubiera podido resistir a los inviernos. Hacía falta, como se decía, "haber nacido allí".

Isabel, mujer de sabios consejos, que Manuel consideraba con un poco más de respeto desde que Anna se fue a vivir al valle, tuvo muchos problemas para persuadir a su marido de que consintiera enviar a su hija mayor a casa de su tía en Salardú, para que la niña pudiera frecuentar la escuela. Tía Anna, que sufría por la separación del único ser al que amaba con un sentimiento de frustración, pero sincero, insistía para llevar la muchacha a su casa y Manuel acabó por ceder a la voluntad de las dos mujeres.

Desde siempre, Miguel hacía todo lo que quería María. Esta rehusaba obstinadamente dejar la Feriba si su primo no la seguía para ir a clase con ella. Cuando supo que iba a dejar el pueblo, se desesperó, los niños no querían separarse. Se decidió que Miguel viviría en casa de sus padres en Gessa, un minúsculo pueblecito cerca de Vielha.

95

En las cercanías del invierno, los futuros escolares bajaron de Montgarri al pequeño pueblo donde la vida del siglo veinte les iba a revelar cosas sorprendentes: sus comodidades, sus bellezas y también sus defectos. Hubo que explicárselo todo a María, comenzando por la bombilla eléctrica, magnífico logro frágil y caliente suspendido encima de la mesa y que explotó de golpe entre sus manos cuando se acercó a tocarla.

Mientras tanto, María se pavoneaba al descubrir un bonito pantalón corto, con lazos de color claro; pero si se la obligaba a ponerse zapatos (que soportaba por coquetería), se los quitaba voluntariamente, incluso en medio de la calle cuando no había nadie, para ir a contar la cosa a tía Anna.

Miguel se acomodó a todo sin curiosidad, y encontraba dulce y divertida la vida de ese nuevo país. Su prima había traído consigo a Paloma y Balère, sus dos amores. La primera noche, la oveja subió al piso para dormir sobre un saco de heno en la habitación de su pequeña dueña, tal como tenía por costumbre en Montgarri. Inexplicablemente la terrible tía lo aceptaba todo con tal que la niña no se disgustara.

El primer día, Balère y Paloma siguieron desde un poco lejos a su amiga. Cuando la vieron entrar en la escuela, la cordera detrás del perro vagaron por los alrededores. A la hora de la salida María encontró del todo natural esa espera. Después la escoltaron hasta la casa de tío Juan.

Faltó poco para que un drama estallara entre Balère, que quería ir con María cada mañana, y Anna, que in-

96

tentó, una vez, encerrarlo: el perro le saltó en la garganta, fue golpeado por tío Juan, aunque hubo que dejar que el fiel animal acompañara a su joven dueña. Dormía en un rincón del pasillo de la escuela esperando la hora de la campana, sin otro deseo que ver de tanto en tanto a través de los cristales de la puerta a María sentada en su banco.

No había ningún lujo en casa de tía Anna, no más, por otra parte, que en las casas de los otros habitantes del pueblo. Las mujeres cultivaban un trozo de tierra alrededor de su casa, cuidaban a los niños y por la noche preparaban las cestas que se llevaban por la mañana al despertar el día. El marido trabajaba duramente en alguna carretera o en las minas, sin tiempo a penas para comer la cebolla, el pan y el chorizo. Al mediodía, en casa, la comida se hacía sin el jefe de familia. Tío Juan no regañaba nunca a la pequeña, o mejor dicho la ignoraba. Tía Anna preparaba golosinas para María, que las escondía en el fondo de la cesta para dárselas a Balère. Paloma prefería la sal.

Casi todos los habitáculos constaban de una vasta pieza a nivel de la calle y un desván donde se colocaban los utensilios para trabajar el huerto y se guardaban también las legumbres de reserva para el invierno. En casa de Anna, en el primer piso había dos pequeñas habitaciones separadas por un pasillo encaradas sobre el valle con anchas ventanas. Se vivía sobre todo en la cocina. Anna, que apenas había salido de Montgarri, se encontró al principio un poco desorientada, pero se acomodó pronto a las comodidades de la "villa" y a su nueva existencia gracias a su necesidad innata de orden y limpieza.

—Cuando se es pobre —le decía a María—, no hay que despilfarrar nada ni perder nada —y esta sacaba buen provecho de los buenos consejos de su tía.

Las casas del pueblo eran malsanas. Los habitantes estaban faltos de los elementales rudimentos de higiene, a pesar de que los riachuelos y las fuentes abundantes drenaban las inmundicias fuera del pueblo y proporcionaban el agua para la mesa y la limpieza. Pero los escasos muebles del ajuar brillaban en casa de Anna, las baldosas eran lavadas con mucha agua todos los días y siempre al mediodía se comía en horas regulares, a pesar de la ausencia del dueño de la casa.

A la vuelta de clase, María se quitaba su delantal nuevo para ponerse otro menos frágil. La escuela estaba a dos kilómetros de Gessa y Miguel se juntaba con su prima en Salardú. La primera vez que vio a María vestida y calzada como las chicas del pueblo, no creía en lo que veía. ¿Cómo no se había dado cuenta nunca de la gracia de la pequeña? La examinaba curiosamente.

María y Miguel debían acompañar a tía Anna y a tío Juan a misa cada domingo. El muchacho había visto en el escaparate de una tienda en Vielha un traje expuesto en un maniquí casi de su talla; admiraba la chaqueta y el pantalón cada vez que pasaba por delante de la tienda del sastre y había hablado de ello con sus padres. Estos le prometieron comprarle ese traje cuando hubiesen vendido dos o tres ovejas del rebaño.

Miguel, cansado de esperar, contó su decepción a tía Anna, que adelantó el dinero. El domingo llegó finalmente. Miguel, con mucha antelación, esperaba con im-

98

paciencia febril. Tío Juan lo llamó finalmente a su habitación, para proceder a probar el traje. Era cosa de hombres y se cerró la puerta en las narices de María, que estaba ya lista. Vejada, fue a sentarse en las escaleras de la casa para mostrarse delante de los vecinos, según decía su primo.

Cuando la gente pasaba endomingada para ir a la iglesia se levantaba en la blancura de sus enaguas y hacía fluctuar la bella cinta que ceñía el vestido sobre su fino talle. Tía Anna tuvo que separarse de su bella mantilla andaluza para adornar la cabellera de su sobrina.

Las madres y los niños se paraban para admirar con asombro esa bella muñeca.

Esta se dio cuenta de que debía aprender todavía muchas cosas de la vida tan diferente de la que llevaba en el salvaje rincón en que había nacido. La gente le hacían preguntas, sorprendidos y curiosos por las respuestas que les daba esa niña, se reían y amablemente se burlaban de ella algunas veces. María acabó a la larga por responder evasivamente, volviendo a ser la pequeña salvaje tan ignorante como tía Anna, que intentaba explicarle las cosas ayudándose de su buen sentido.

Lo que más intrigaba a la niña era la curiosa caja que trajo tío Juan una noche; le habían prestado el objeto para una "prueba". Cuando hubo dado la vuelta a los botones, la pequeña, desconcertada, escuchó, después dio la vuelta alrededor de la mesa, sin acercarse demasiado, preguntando dónde estaban las personas que hablaban y cantaban. Ese fue para ella el primer milagro: se lo contó a Miguel a la vuelta de la escuela para disfrutar de su asombro, pero supo con decepción que su vecino de

Salardú poseía una caja parecida, y que a su primo no le suponía ninguna sorpresa: cantaban dentro de la caja y los escuchaban. Cuando los habían oído lo suficiente los ahogaban; eso no era un milagro para Miguel. El resto fue viniendo, los coches le inquietaron al principio y se burlaba de su prima, después él se acostumbró. Los ingenios con dos ruedas sobre los cuales hombres y mujeres se desplazaban en equilibrio le asombraban más, y se propuso, en fecha no lejana, procurarse una máquina parecida para transportar a María sobre el cuadro, como hacían los niños que llevaban a su hermana a la escuela. María y Miguel se quedaban largos ratos extasiados delante de las pequeñas tiendas con escaparates atrayentes. Los comerciantes de cacahuetes, de galletas y de caramelos interpelaban a los niños en la calle, pero ni el uno ni el otro tenían un céntimo.

María una vez se quitó la cinta que sujetaba sus cabellos y la ofreció a cambio de un cucurucho de churros. El tendero se reía y finalmente, después de muchos regateos, aceptó. Miguel se enfadó. ¿Qué diría tía Anna? Pero en el fondo estaba cómodo compartiendo la suerte inesperada.

El invierno no era tan rudo como ahí arriba en Montgarri, donde los niños no podían salir y se quedaban al lado del fuego para jugar. En el valle, cuando la nieve cubría los campos, enormes carros armados de palas que Miguel llamaba "orugas" (orgulloso de mostrar su saber sobre esas máquinas gigantescas que se movían solas con un estrépito espantoso) limpiaban la gran carretera que conducía a Francia, para permitir a los autocares que venían de Barcelona y Lérida transitar y a los habitantes circular para ir a sus trabajos de un pueblo a otro.

De buena mañana, por esta arteria despejada y limpia, pero resbaladiza, bajo la nieve azotada por el viento, María, con su pequeño cesto de la comida entre sus dedos azulados por el frío, iba con paso torpe sobre sus zuecos de madera, a los que todavía no estaba acostumbrada. El marido y la mujer, maestros, compartían el trabajo de enseñar a leer y escribir en ese pequeño mundo. María, la mayor, se entregaba con pasión sobre esos palos y esas letras y garabateaba en todas las paredes. Se sentía más inteligente que todos los otros niños de la escuela, y solo tenía una ambición, leer en sus libros y ganar puestos.

Se paraba al salir de clase e inspeccionaba también las páginas de los cuadernos de Miguel. Eso fue una competición: cada uno debía obtener los más puntos posibles. María llegaba a casa de tía Anna y sus primeros cuidados consistían en abrazar a su cordera Paloma y compartir su pan y su leche con Balère. El pobre perro se estaba consumiendo, le faltaban las montañas e iba olisqueando por las cuadras los corderos estabulados, que no reconocía. El morueco lo recibía a cornadas, decididamente ahí arriba las bestias lo trataban mejor... y él las había visto nacer.

Los dos amigos de María de cuatro patas hacían algunas tonterías, pero esta las excusaba tan amablemente que Anna le perdonaba. Una mañana de vacaciones, Paloma, la corderita, siguió a tía Anna al campo de una vecina donde debía recoger por su cuenta la cosecha de guisantes. Paloma comprendió enseguida el trabajo y atacando una fila de tiernas vainas, llegó al fondo del campo la primera, el vientre hinchado, la respiración entrecortada, los ojos exorbitados, babeando y tosiendo. ¡Ay, la cosecha estuvo pronto hecha! Eso no importó por otra

101

parte a María, pero cuando se dio cuenta de que Paloma parecía enferma y ahogada en sus brazos, la llevó hasta casa y suplicó a su tío Juan que llamara al veterinario. Podemos imaginar el enfado de la propietaria del campo. Balère, asustado por esos gritos, huyó esa noche. El frío y la nieve impedían cualquier escapatoria y la pobre bestia, intentando llegar a Montgarri a pesar del mal tiempo, se perdió. Fue llevada de regreso moribunda por un carnicero que conocía al propietario y la devolvió a su pequeña dueña. Esta después de la fuga de su amigo perdió el apetito y el sueño. Cuando se repuso sentía vergüenza, solo el perro permanecía fiel a la Feriba.

—Mi Balère piensa siempre en Montgarri —dijo ella a su primo—, no sabemos nada de mamá Isabel, ni de padre. Tengo ganas de que vuelva la primavera; ¡los campos y las flores nos esperan ahí arriba y mucho trabajo también!

—Yo me encuentro muy feliz aquí —replicó Miguel—. ¡Hay tantas cosas bonitas! El domingo el señor cura me ha invitado a su casa. Sus parientes han venido de Madrid, y son amigos de mi madre. Se quedarán un mes en Salardú. Es tiempo de vacaciones para ellos, me sabe mal dejar la casa, a la que vendrán niños de mi edad; no estaré allí para conocerlos.

La primavera florecía de nuevo. Ahí arriba, sobre las faldas de la Maladeta los glaciares se fundían bajo el ardor del sol, el Noguera crecía y bajaban torrentes de agua. Los trabajos de los campos reclamaban brazos.

Miguel, con dieciséis años, tomó gusto por una vida más ardiente. Cada día se abrían para su curiosa juventud nuevos horizontes, y no le atraía ya la existencia que se llevaba en Montgarri. Pero hubo que dejar el valle y partir para las cimas una mañana antes del amanecer. La mula, cargada de maletas, retomó el sendero que ascendía a pico hacia la montaña. Tía Anna, los dos adolescentes y tío Juan de tanto en tanto se volvían para mirar atrás y apercibían en los vapores de la mañana, alineadas en montones, las gavillas de trigo ya cortado que tenían el aspecto de rocas rubias sobre las cuales el sol secaba mientras tanto el rocío. Lentamente subieron escalando las rocas. Abajo en la lejanía, inundado de bruma, se empequeñecía el pueblo de Salardú, con sus pequeñas casas y sus huertos, y la carretera no era más que un sendero, vista desde ahí arriba. Los veranos precedentes los dos niños subían de nuevo a casa de Isabel en Montgarri y retomaban las costumbres de su infancia; se convirtieron en el rey y la reina de los jóvenes adolescentes que, poco afortunados, continuaban viviendo en esa montaña inhumana. Era para los dos escolares la perspectiva de unas buenas vacaciones. Se les obsequiaba en todas las casas del pueblo. Al acercarse la siega del trigo, más tardía que en el valle, asistían a los preparativos de la "ceremonia del gallo".

Con mucha antelación, en cada familia se reservaba un pollo de la mejor nidada, se le engordaba, se le cebaba y recibía cuidados muy particulares de la madre de familia. Un ansia envidiosa se apoderaba de ellas porque las visitas se hacían más a menudo de una familia a la otra durante ese periodo en las cercanías de la fiesta. Cada ama de casa quería saber si el gallo de la vecina era más pesado y más gordo que el suyo. La cosecha de la mies empezó en casa de Manuel; todos los hombres del pueblo, con Miguel a la cabeza, marcharon con la hoz al hombro. Las mujeres

103

y tía Anna se encargarían de la cocina para la comida de los trabajadores voluntarios. La víspera, todas las vecinas asistieron al sacrificio del gallo. Enorme y gordo, las patas sobre el suelo, el plumaje de un blanco de armiño, los ojos crueles rodeados de rojo, la cresta encarnada, ancha como una mano, hinchaba sus plumas como un gallo de pelea. Sintiendo venir la muerte se irguió sobre sus espuelas amenazantes, agudas como dos navajas. Anna lo pesó con la romana, casi al gramo. Pesaba cinco quilos. Se engordaba desde hacía más de dos años a ese rey del corral esperando el sacrificio para esa ocasión. Ningún gallo se había acercado antes a ese peso y cada una se instaló alrededor de tía Anna, a quien correspondía el derecho de la operación del sangrado.

Sobre la placa del hogar el gran plato hondo de arcilla roja barnizada, que solo abandonaba la galería alta del vajillero una vez al año para esta circunstancia solemne, había sido preparado con antelación. Precioso en su forma, un clavel rojo burdamente pintado a mano adornaba el fondo; María, su padre e incluso el viejo Antón lo habían visto siempre en la casa.

Únicamente tía Anna se encargaba del lavado del plato de Talavera que había recogido la sangre de los gallos sacrificados para esa festividad pagana.

Llegado el momento, un invitado grande y fuerte, designado el día anterior, suspendía al animal encima del plato. Se traía un cuchillo puntiagudo, afilado recientemente. Anna hizo el signo de la cruz sobre la cima de la cabeza del gallo; arrancó un buen pellizco de plumas blancas, que lanzó al aire: la leyenda, llegada sin duda de

104

un lejano ritual pagano, exigía que se llevaran al gallinero para evitar las enfermedades a las gallinas. Un silencio se apoderó de la cocina, donde solo se oía el crujido de las piñas de alerce en el hogar. Tía Anna, de un golpe directo, puso la punta acerada en la oreja de una blancura nacarada.

De golpe, un flujo de sangre púrpura se escapó de la muesca y lo recogimos agitándolo en el hueco del plato donde estaban dispersados, en pequeños trozos, el tocino ahumado, el perejil, la sal y las briznas de menta salvaje. Esta preparación delicada esperarís al día siguiente para ser cocida en la sartén, servida y degustada. Teresa desplumaba y vaciaba el gallo, todavía caliente, y lo ponía a cocer rehogado en la olla, en una salsa de vino muy especiada, donde herviría a fuego lento toda la noche sobre las brasas cubiertas de ceniza.

La preparación de la tradicional paella tomaba menos tiempo. Era el plato principal.

Las gavillas apiladas en las fajinas se quedaban en los campos esperando las fiestas de la trilla que seguían con el ensacado del grano.

María, ayudada de Isabel, ponía en orden la cocina para la recepción del día siguiente. En medio de la gran mesa bien limpia, las cucharas de hierro lucían amontonadas; los platos eran apenas utilizados en Montgarri, donde por otra parte eran raros.

La cocinera ponía entonces sobre la mesa la enorme sartén y cortaba el "pastel de sangre" en finas lonchas que servía a los trabajadores y sus mujeres. Después se disponían, según el número de invitados, dos o tres grandes sartenes con dos asas de hierro fundido, negras, enveje-cidas y llenas de arroz, salsa de legumbres verdes y cara-coles todavía en sus cáscaras y tiernos que crujían bajo los dientes. Cada invitado cogía con su cuchara del plato que se encontraba a su alcance, como lo hacen todavía en el corazón de África las familias negras y los árabes del desierto, que solo usan los dedos.

Para todas las fiestas del año, llegaba Pau, el acor-deonista, justo en el momento en que se celebraba la cosecha en los pueblos de montaña donde las coblas no se atrevían a ir. El viejo trovador tardaba algunas veces todo el día para subir los dos mil quinientos metros que separan Montgarri del fondo del valle. Era esperado impacientemente.

Seguía casa por casa durante la comida del gallo o "fiesta del pollo". El músico comía en un rincón del ho-gar, porque sus largas piernas no entraban bajo la artesa. Después de haber comido desenvainaba su instrumento para hacer bailar a los invitados. No sonreía nunca, y solo hablaba con monosílabos un patués incomprensible. Se le reclamaba viejas melodías andaluzas y algunas novedades que aprendía en el curso de sus periplos y, para alegría de todos, los ejecutaba. Miguel bosquejó algunos pasos de baile con María, y esta intentaba imitar a su primo con meritorios esfuerzos... Cuando se viene de la ciudad... ¿verdad?

Y cada familia a su vez reunía a los invitados después de la cosecha para el sacrificio del gallo. Pau pasaba de una casa a otra, y esperaba unos días a partir de entonces. La esperada fiesta entre todas las fiestas, la del quince de agosto, día consagrado a la Virgen, se preparaba con meses de antelación.

Se limpiaban las casas, de los tejados a las paredes, para acoger a los extranjeros, venidos de Lérida e incluso de pequeñas ciudades francesas cercanas a la frontera, amantes de estas alegrías al aire libre.

¿Qué les hubieran podido ofrecer? Se conocía la pobreza de los habitantes de Montgarri, no podían despender mucho; no obstante, desde siempre la pequeña villa de Lles remediaba esa carencia. Desde muchos días antes, los jóvenes del caserío y de los pueblos del Valle de Arán se reunían para cargar los mulos a más no poder de sacos y pellejos de cuero; cada casa proveía de jamones enteros, aves de corral y pastas de todas clases que las señoras ricas preparaban. Se sujetaban sobre las mulas enormes ristras de chorizos y grandes quesos que compartían con enormes panes en las alforjas de las caballerías. Todas estas provisiones llegaban la víspera a Montgarri, donde se instalaba la juventud. Cada casita ofrecía su cuadra y su buhardilla para albergar a los invitados, allí se acostaban en la paja o sobre hierba perfumada. Se guardaban los géneros a cubierto, los más valiosos en la sacristía, bajo la guardia del Señor... hasta el día siguiente.

Los pellejos de piel de cabra llenos de vino no llegaban hasta que terminaba la misa. Excepcionalmente, ese día los habitantes pagaban a un joven sacerdote, montañés sólido, capaz de andar tres horas seguidas para venir a celebrar el único oficio del año. ¡Pero qué fiesta más bella y qué cantos más magníficos se oían! Los viejos de Montgarri solo lloraban ese día. Se podía oír hasta el fondo del bosque el eco de los cánticos reenviados por los muros de granito del santuario. Dios no habitaba el tabernáculo más que el día de la fiesta de la Virgen María, patrona de María de las Nieves.

Isabel se sumergía en el ambiente de las alegrías de su infancia. Manuel miraba con algunos remordimientos la cara maravillada de su mujer, que reencontraba durante dos o tres días la alegría y la clara risa de la joven que le había embrujado una mañana de feria en la pequeña y soleada villa del dulce Valle de Arán.

No sabía aún que las casas de Montgarri cerrarían sus puertas para siempre y que las campanas de la iglesia sonaban por última vez, anunciando la misa de las fiestas del quince de agosto antes de callarse para siempre.

El viejo Pau, instalado desde el día anterior, se ejercitaba en el santuario todavía desierto para acompañar el oficio cantado del día siguiente. Dormía incluso en el suelo roído por las termitas bajo una manta que prestaban el señor cura o la terrible Anna de Feriba. No aceptaba bajo ningún pretexto pasar en otra parte la víspera y la noche de la fiesta de la venerada patrona.

La juventud del pueblo, desde muchos días antes, preparaba una amplia plaza barrida al borde del río Noguera, a la sombra de un bosque de abetos. Los habitantes extendían sobre el suelo bien rastrillado grandes sábanas tejidas en casa que olían agradablemente a lavanda.

Desde siempre, los viejos se acordaban de que los padres de sus abuelos reservaban ese mismo rincón de tierra, bajo los árboles, para esa única fiesta religiosa, que todos esperaban piadosamente. No había más que ver la larga procesión de juventud y de extranjeros que subían del valle con cantos y risas.

Con horas de antelación, los niños impacientes vigilaban el sendero del alto de la "piedra de los perdidos" y cuando apercibían las mulas y los primeros en llegar iban delante de ellos y los acompañaban con gritos de alegría hasta los alrededores del pueblo. Las campanas entonces se ponían en movimiento.

Los de "ahí abajo", del pueblo de Lles, instalaban sus enormes quesos y pasteles guarnecidos de almendras y de frutas al lado de jamones de formas redondeadas y de los odres de piel de cabra o de macho cabrío rellenos de vino. Todos se reunían en la explanada, a la salida de misa; el cura invitado era distinguido con ocupar el lugar de honor. Se ponía su gran sombrero y aceptaba con gusto un vaso de vino de Alicante o de Málaga rosado o blanco que resbalaba de la estrecha boca de los porrones bajo el sol y que apreciaba sin duda más que el vino de misa.

Después todos recibían gratuitamente, mientras había sobre el rústico mantel, las rebanadas de pan adornadas de carne o de queso, que se comían de pie en compañía de algunas bellas muchachas. Sin parar, rellenaban los porrones que los hombres se pasaban de mano en mano. Mientras tanto, Miguel ayudaba a María y a su madre a distribuir los alimentos.

Cada uno recibió más de lo que le correspondía de este desayuno sobre la hierba. Cuando todo fue devorado y hubieron bebido y comido hasta la saciedad, se ayudó a Pau a subir sobre el estrado improvisado, y el baile duró hasta la madrugada. Los que no encontraban sitio en las cuadras o las casas donde se podían alojar para dormir, continuaban bailando con tanto ardor que no había bastantes mulas para llevar a los retrasados, cuyos pies rechazaban cualquier acción. Los días siguientes a las fiestas son tristes en todas partes, pero aquí, todo el pueblo ofrecía un aspecto de devastación. El suave viento de la montaña hacía alzarse en remolinos, hacia el cielo azul del verano, los grasientos papeles que los niños jugaban a atrapar.

Las mujeres se pusieron a ordenar los bancos y las sábanas, y compartieron entre ellas las sobras sustanciales de esa comida, que hicieron las delicias de los más pequeños. Todos de buena gana recogían las cajas de cartón manchadas y las cajas vacías alrededor de su casa. Corrían sin vigilancia de aquí para allá y amontonaban los detritus que llevaban al fondo del pueblo para enterrarlos, porque no se tiraba nada en el Noguera a fin de evitar ensuciar el agua del río.

El hijo mayor de los Gallart, que encabezaba la banda, tuvo la absurda idea de ir a buscar teas y un brazado de astillas para prender fuego a los papeles.

Los padres, ocupados en sus casas, apenas se preocupaban de su prole. Miguel y María cuidaban del ganado con tía Anna en la cuadra, cuando de golpe, los gritos alocados de los niños se elevaron y los pilluelos huyeron en todas direcciones a través de los campos.

Manuel salió de los cobertizos y tuvo el tiempo justo de recibir sobre sus piernas a su hijo, en cuyo delantal había restos todavía humeantes de quemaduras; el niño enseñaba con el dedo, en la parte baja de la calle, las llamas que el viento activaba y que empezaban a lamer los tejados de paja de las tres casas contiguas.

Manuel dio la alerta y la "campana de los perdidos" sonó. Todos los habitantes se precipitaron hacia el fondo del pueblo. Había que contener el incendio que atacaba ya la cuarta casa.

La única agua disponible venía del Noguera, y el río discurría al otro extremo de Montgarri. Se formó una cadena desgraciadamente poco proveída. Los cubos circularon: los primeros eslabones partieron del río, donde los hombres sacaban el agua. María tenía apenas la fuerza para hacer pasar los recipientes. El fuego no tuvo mucho trabajo para devorar los pocos muebles de las casas alcanzadas. Fue extinguido después de esa carrera del agua, dura para la gente exhausta tras un día de fiesta y una larga noche de vigilia.

Algunos extranjeros que esperaban todavía el último convoy de mulas para bajar al valle, sintieron piedad por los desgraciados y propusieron llevarlos a Cataluña, donde podrían trabajar en la vendimia, que estaba en pleno auge. Ellos, los más pobres entre los pobres, no tuvieron otra salida más que abandonar el pueblo y seguir a los que querían auxiliarlos.

No poseían más que algunos carneros y una única mula, que apriscada lejos de la casa escapó al incendio.

Manuel prometió guardarles el pequeño rebaño, solo se llevaron la mula en el momento de su marcha.

Todo el pueblo sintió una verdadera aflicción cuando la pequeña procesión atravesó el puente del Noguera, tal vez sin la esperanza de vuelta para los más viejos.

Solo quedaban cinco casas en Montgarri. Se acababa el otoño. Las últimas cosechas estaban almacenadas y las bestias apriscadas en los prados donde engordaban de olorosa hierba; se les dejaba ahí día y noche, y no entraban en el redil hasta la llegada del invierno.

Durante las veladas, los hombres preparaban su escopeta para las salidas de caza y caza mayor. Los pastores notaban en los campos de patatas los daños provocados por las hordas de jóvenes jabalíes nacidos en primavera y de la última camada del otoño.

Se decidía entonces preparar la batida. Dos de los más intrépidos cazadores partirían al romper el alba para marcar a cada uno de los hombres el puesto fijo que no debía abandonar bajo ningún pretexto. Los perros hicieron salir a las bestias de su porquera.

Los dos hermanos Paco y Pedro Blay, con su mochila cargada de provisiones, alcanzaron la orilla de los últimos bosques de hayas y robles donde los jabalíes iban a alimentarse de bellotas y piñas.

A la salida del sol, un gran macho provisto de unos colmillos sensacionales salió de una espesura de frambuesos y pasó en tromba a algunos metros del puesto de Paco Janfran, sin verlo. La escasa visión de esas bestias les despista muy a menudo, pero el olfato les indica la presencia del hombre, si el viento no cambia. Pedro Blay previno a su hermano: tenía que reunirse con los otros cazadores. Dejó en el sitio a Paco, que se puso tranquilamente a desayunar, la espalda apoyada contra un tocón, la mirada y el oído vigilantes. Un instante después, decidió hacer una vuelta de inspección al borde de un campo de maíz, dejó su bolsa suspendida en una rama y cogió su fusil. El calor todavía no penetraba bajo el tupido matorral donde el muchacho se metió. Un gran silencio reinaba entre los troncos de los enormes árboles, casi todos centenarios, que ninguna hacha hirió nunca, pero que el rayo diezmó en momentos de grandes tormentas.

Paco solo soñaba en escopetas, caza, perros y piezas de caza; su atrevimiento inquietaba a los otros cazadores, porque corría a menudo grandes riesgos. En el bosque se sentía indestructible y se encontraba allí mejor que en cualquier otro lugar. Un poco furtivo, conocía cada animal, y la más mínima rama quebrada le señalaba la pieza, su edad, su talla y su peso. En una batida, era el auxiliar más preciado.

Habiendo abandonado su puesto, Paco, con los ojos fijos en tierra, seguía desde hacía un momento un rastro. Las ramas tumbadas sobre las hojas amarillentas marcaban el paso de un animal de gran talla. El viejo solitario había pasado sin duda por ahí durante la noche o como máximo de buena mañana, ya que los vahos todavía frescos permitían suponerlo. De pronto un pájaro lanzó una llamada: la pequeña herrerilla de cabeza negra, perro de guardia del bosque, prevenía a sus semejantes y a los otros habitantes de los alrededores cuando un extraño se colaba en el corazón del bosque.

Paco habría avergonzado a sus ancestros si no hubiera sabido descifrar los signos que todos en Montgarri sabían reconocer. La herrerilla se calló, Paco retomó con precisión su marcha lenta, la espalda curvada, evitando las ramas muertas que crujían bajo sus pasos. El bosque se tornaba más espeso y más sombrío, aunque un rayo de sol venía de vez en cuando a golpear su rostro. El rastro que seguía el muchacho apareció cada vez más visible, a su derecha. Percibió un viejo roble al pie del cual un enredo inextricable de clemátides salvajes tejía sus guirnaldas nevadas en un arbusto de acebo. El animal debía dormir bien en esa hora cálida, al abrigo de su guarida, y únicamente los movimientos que se desarrollaban a su alrededor en la espesura habrían señalado a un cazador menos preparado que Paco la presencia del cerdo salvaje.

El joven, a pesar de su valor, tuvo un instante de duda y esperó completamente inmóvil. Un cuco dejó sentir sus dos notas por encima de él y alzó el vuelo asustando a una ardilla que con la cola caída trepaba a lo largo de una haya vecina. Después el silencio cayó sobre el bosque. Nubes de moscas azules zumbaban alrededor del rostro de Paco, atraídas por los excrementos del animal, amontonadas algunas en los alrededores. El dardo de los tábanos caía furiosamente sobre sus manos y sus brazos desnudos donde la sangre manchaba la piel morena. Paco, estoico, siempre a la espera, sin atreverse a hacer un gesto para ahuyentar a las moscas, creyó oír algunos roces en la maleza.

Habitualmente, un jabalí en su retirada se queda en silencio, inmóvil, y solo sale en caso de ataque sorpresa. Paco no tenía una carga de postas lo suficientemente fuerte para la supuesta talla del animal y cambió el cartucho. Si no podía ver a la bestia, esta debía vigilarlo y él no se sintió cómodo. Se decidió a rodear la guarida, y se encontró bruscamente cara a cara con una enorme hembra de jabalí que refunfuñaba de forma tan amenazante que el cazador dudó en tirar, y el arma temblaba entre sus manos. Sabiendo que no tenía más que un cañón cargado, quiso echarse atrás para poner más distancia entre la bestia y él y tener campo de tiro. Cuando la jabalina se calmó, oyó los chillidos de algunos pequeños, nacidos recientemente, porque la madre no los dejaba. Ella se mostró más peligrosa cuando se puso en pie delante de su guarida, arrastrando a sus jabatos, todavía colgados de sus ubres y que se dejaban caer sobre las hojas secas. Tan pronto se desembarazó de sus pequeños, el pelo de su espinazo se erizó y abrió una garganta amenazante.

Paco creyó que había llegado su última hora. Con los enormes colmillos amenazantes, la bestia se lanzó hacia el cazador, que tiró. La hembra recibió la descarga a quemarropa en su impulso y, con el flanco ensangrentado, empujó de un golpe de hocico a sus jabatos al fondo de la guarida. Paco sabía que no había ni un segundo que perder, la fiera, sin duda herida de muerte, iba a hacerle frente. El hombre avistó una gruesa rama rota en la parte baja del árbol que le permitió izarse sobre las primeras horquillas del roble.

Paco en ese momento se desembarazó de su fusil y lo lanzó contra el agresor. La jabalina se abalanzó sobre el arma, mientras que el muchacho, con las fuerzas multiplicadas por el miedo, ayudándose de los pies y de las rodillas se agarraba al tronco principal. Se encontraba lo bastante alto cuando la fiera vino de frente a plantar sus aterradores colmillos profundamente en la corteza del tronco, que tembló hasta la cúspide. La bestia ensangrentada vigilaba, empujando con un golpe de hocico a los pequeños que la buscaban.

En la lejanía las doce sonaron. El eco del tintineo de las campanas arrastrado por el viento subía desde todas las iglesias de los valles bajos. ¿Quién vendría a esta hora, a sacarlo de esa enojosa posición? El joven muchacho se dormía de cansancio. Pensaba que su hermano se inquietaría y alertaría al pueblo. La hembra de jabalí se encarnizaba mientras con la escopeta, cuya culata voló en astillas. Paco no tenía silbato para llamar y perdió la noción del tiempo, agarrado a las ramas, las costillas doloridas, brazos y piernas paralizados. Cuando la cólera y el dolor asaltaban de nuevo a la madre, se lanzaba contra el árbol y le parecía que el sonido del choque que repercutía en todo el bosque iba a hacer estallar su cráneo.

¡Cuántas de esas bestias heridas había visto que sobrevivían durante cuatro o cinco días para alcanzar al cazador!

El crepúsculo descendía entre los troncos y del suelo en descomposición, la humedad hacía nacer jirones de neblina, despeinados por el viento que subía de los estrechos valles. No veía ya la base del ancho tronco diluida en la sombra, oía de tanto en tanto los gruñidos de la madre y las quejas de las crías.

Creyó por un momento que sus dedos doloridos iban a ceder, y que caería del árbol como un fruto maduro. Con mucho esfuerzo se quitó su ancha faja de lana, la deslizó bajo el brazo, la fijó con un nudo al tronco sobre el que sus miembros envarados por calambres terribles se distendieron, y un bendito sueño lo ganó. Se quedó en la misma posición hasta la mañana. Casi enseguida se despertó con los tintineos de la "campana de los perdidos" y llegaron a él las llamadas y los silbidos de los cazadores, estaba salvado. En efecto, el ladrido de los perros se acercaba. Paco gritó con todas sus fuerzas para prevenir a los hombres, porque los perros valientes serían destripados por la jabalina furiosa. Sus gritos le llegaron como si vinieran del cielo, los hombres atónitos lo habrían jurado. Los perros que mientras tanto alcanzaban la guarida, irguiéndose sobre sus patas traseras, con el hocico en alto ladraban alegres al reconocer a alguien del pueblo. Cuando sus dueños oyeron sus voces, Paco advirtió a sus compañeros. La jabalina herida defendía una camada de jabatos de algunos días.

Entonces todos retrocedieron y cargaron su fusil. Como una flecha, sin tiempo para retenerlo, uno de los perros saltó dentro de la guarida donde se libró una horrorosa batalla bajo el ramaje amontonado. Con el riesgo de ser atrapados en ese alboroto, dos de los hombres echaron sus armas al hombro sin saber a ciencia cierta dónde estaba la pieza, tres o cuatro tiros salieron repercutidos contra las profundidades del roble. Ayudaron a Paco a bajar, retiraron de los arbustos la jabalina y el perro medio despanzurrado que su dueño remató de un tiro a la cabeza a pesar de su desesperación. Pusieron en sus mochilas tres crías de jabalí hambrientas y llevaron al pueblo sobre unas parihuelas improvisadas al enorme animal.

* * *

Anna y tío Juan decidieron prolongar su estancia en Montgarri para ayudar a Manuel e Isabel en los trabajos del otoño. María realizaba proezas para que sus padres la retuvieran con ellos todavía algunas semanas. Miguel, al que no le gustaba el trabajo de la tierra, se enfadaba y prefería volver con los "de abajo", para continuar sus clases. El otoño resplandecía todavía en todo su esplendor, ninguna nube oscurecía el cielo por encima de las cimas.

117

Ello significaba para los jóvenes y los adolescentes las excursiones locas por el bosque, los paseos que se retomaban a lo largo de las orillas del Noguera. La trucha vigilaba a la libélula calentándose entre dos aguas. Ese día María cantaba bajo el sol, mientras que Miguel continuaba pescando a mano bajo las piedras.

De golpe el muchacho se enfadó:

—Estate quieta, bruja, asustas a los peces. ¡Hete aquí bien contenta de verme marchar para abajo! Te lo prometo, te vas a aburrir sin mí. Nunca nos hemos separado un solo día, ¡me gustaría tanto que me acompañaras! No seas testaruda y vuelve a la orilla, el agua está helada, si no, voy yo a sacarte.

—Tú me repites eso todos los días, pero ya te he dicho que no volveré hasta que mi tía y Juan bajen al valle. Durante algunos días puedes pasar sin mí, quieres mandar, quieres ser el jefe y yo te tengo que obedecer siempre. Pero esta vez, me quedo. De ahora en adelante cuando vuelva a Vielha serás tú el que obedecerás; ahora tenemos que volver a la Feriba, la noche va a sorprendernos, muy pronto ni siquiera sabes pescar y volveremos sin ningún cangrejo.

Miguel pensó que debía ceder para no irritar a su prima. Alcanzó la orilla del río, saltando de una piedra a la otra. María, que lo seguía, resbaló sobre un guijarro musgoso y, con un gran grito, cayó tan larga como era en el río. Cuando Miguel quiso levantarla, ella gritó tan fuerte que tuvo que dejarla. Intentó liberar su pie enganchado entre dos piedras, sin lograrlo. Entonces se puso a pedir

118

socorro, pero el fragor de la cascada que caía a alguna distancia por encima de ellos atenuaba sus llamadas.

De repente, en el sendero que conducía al collado nevado y que discurría a lo largo del Noguera, surgió una sombra. Miguel vio descender por el camino a un muchacho que tiró inmediatamente su mochila en la orilla, se quitó la chaqueta y, protegido por sus botas, entró en el agua, dirigiéndose a María, que le tendía las manos desesperadamente.

Parecía joven a pesar de su talla, y su fuerza sorprendió y humilló a Miguel, ya que el extranjero separó los dos bloques de piedra como si hiciera rebotar guijarros.

A pesar de su dolor, María, miraba a través de sus lágrimas al que le sacaba de su ridícula posición para depositarla en la hierba. Desató el calzado y examinó la herida del tobillo.

—Puede ser que haya algo roto —dijo—. No deberías andar por aquí, joven imprudente.

No tenía el acento rudo y gutural de los habitantes del Valle de Arán, las palabras se deslizaban entre sus labios y se escapaban como sin querer. Su voz le pareció dulce a María. Con un gesto suave cogió a la joven en sus brazos. Rogó a Miguel que recogiera su mochila y su chaqueta y le mostrara el camino del pueblo. La orden que le daba el joven impresionó a Miguel, que siempre se mostraba remiso a obedecer cualquier orden que le daban: no obstante, la ejecutó sin rechistar. Los dos marchaban en silencio. El extranjero evitaba los surcos y las piedras para no provocar las quejas de la herida, mojada hasta los huesos y estremecida. De nuevo, depositó a la joven sobre

119

la hierba, sacó de su mochila una gran caja negra y dirigiéndose a Miguel, que seguía a corta distancia, le paró:

—Ayúdame a retirarle el vestido. ¡Date prisa, tu hermana va a coger un buen resfriado!

Por primera vez, María empujó brutalmente a su primo y apretó la tela mojada del vestido alrededor de su cuerpo. Con una mirada terrible miró aquel extranjero que iba a ver y tocar su piel desnuda, apenas protegida por un vasto jersey pegado a sus pechos y a sus piernas. Después, como quiera que temblara más fuerte, se decidió a desabrochar los primeros botones. Pero no lo conseguía, se puso a llorar y dejó al joven salvador despojarla con gesto rápido y hábil de su ropa mojada.

Miguel, mientras tanto, no osaba acercársele; recogió la ropa que estaba encima de la hierba. El extranjero envolvió a María en su capa de paño y retomaron el camino del pueblo.

—¿Todavía te encuentras mal, pequeña? —preguntó dulcemente el joven. Con los brazos alrededor del cuello del muchacho, María entendió la pregunta, pero no respondió. Ya no temblaba de frío, pero sí de una sensación de bienestar que no había experimentado jamás anteriormente; le parecía que el dolor desaparecía y sentía también que por nada del mundo habría querido poner los pies en el suelo, nunca...

—¡Oh, sí! —gimió ella, porque había que desviar las sospechas de Miguel, que lanzó una mirada torva y celosa hacia el extranjero.

Se puso furioso por lo que acababa de ver, y escuchó al otro que se dirigía a la pequeña rescatada.

120

—¿Cómo te llamas?

—María de las Nieves —dijo ella por lo bajo, la voz ahogada en los pliegues de su pelliza...

Él sonrió sin pararse y ella le oyó murmurar entre dientes:

—Es también el nombre de mi madre... Es muy bonito, ¿verdad? Y tú lo llevas tan bien, aquí, aquí en estas montañas.

Algunas luces horadaron la sombra, ahí abajo, en el extremo del callejón en cuesta, donde las primeras casas del pueblo aparecían envueltas en la bruma de la noche.

Miguel tomó la delantera y se puso a correr. Abrió la puerta de la Feriba, donde todos se calentaban alrededor del hogar; Isabel, inquieta, se levantó inmediatamente y palideció al ver entrar al extraño cortejo.

Miguel, recuperando el habla, les explicó el accidente, pero nadie le escuchaba. El padre avanzó una silla al lado de hogar y ayudó al extranjero a instalar a su hija; tía Anna alimentaba la lumbre con las astillas de pino resinoso para iluminar la estancia donde los padres se arremolinaban alrededor de la herida. Manuel y su mujer dieron las gracias al extranjero con un gran reconocimiento y le ofrecieron sentarse en la esquina del fuego para secar sus vestidos, pero este rehusó.

—Si ustedes lo permiten —dijo él—, inmediatamente tenemos que examinar la herida y vendar el tobillo. Después le voy a pedir, señor, que me indique una fonda en el pueblo donde pueda pasar la noche, porque estoy en camino y andando desde esta mañana. ¿Cómo se llama este pueblo?

—Se muere un poco cada día, señor, y mañana su nombre será borrado del mapa del valle del Noguera. ¡Se llama Montgarri! En lo tocante a acostarse en una fonda no encontrará ninguna, salvo que haga tres horas de camino para bajar al valle, y a esta hora, no le acompañaría nadie. Pero incluso si hubiera aquí una fonda no le dejaríamos pasar la noche bajo otro techo que no fuera el nuestro. Las mujeres prepararán la cena y no será dicho que los últimos habitantes del pueblo han dejado marchar a su bienhechor sin compartir su techo y su comida. Isabel, vete a preparar una cama, y vosotras id a buscar leña, el fuego va a apagarse.

Él mismo recogió algunas brasas del hogar, las dispuso en la lumbre y arrojó en ella un puñado de astillas y de piñas de abeto que se encendieron inmediatamente.

Esta forma de iluminación pareció extrañar al joven extranjero y lo comentó en voz alta. En el rincón de Andalucía donde había nacido, no había chimenea.

—Nunca la nieve de nuestra bella Sierra Nevada baja al llano —aseveró a sus hospedadores. Habitaban un país magnífico. Adoraba la alta montaña y la recorría en solitario, durante todas sus vacaciones.

Era la primera vez que subía a los Pirineos y estaba encantado de su excursión. A pesar de la dura y forzada marcha que lo había llevado hasta Montgarri, no lamentaba el haberse extraviado; eso le daba la ocasión de conocer las antiguas costumbres de este bello país al pie de la Maladeta.

Mientras disponía platos de tierra cocida sobre la mesa y cortaba enormes rebanadas de pan y de jamón, Miguel lanzó una mirada llena de rencor sobre el extranjero, que, mientras hablaba, enrollaba con destreza una banda de tela que había sacado de su saco de montaña alrededor del tobillo herido de su prima. Contra su costumbre, Miguel se callaba esa noche, examinando al gran muchacho a hurtadillas. Sabía ya el color de sus ojos y el de su magnífico cabello ondulado y oscuro, notaba la finura de sus botas de cuero salvaje y la esbeltez de su cintura arqueada.

—Su hija es muy valiente —dijo con voz dulce y viril a la vez—. Creo que tendrá que tener paciencia durante algún tiempo, porque deberá mantener la pierna extendida muchos días sin cansarla.

—Apuesto, señor, a que usted es médico —dijo tía Anna, que hasta entonces no había pronunciado ni una palabra.

—Todavía no, señora, tendré que hacer dos años de estancia en un hospital. Después volveré a mi casa de Murcia, donde mi padre ejerce la profesión de veterinario en los cortijos de grandes propietarios criadores de toros de lidia. No es una situación tranquila, pero quiere a las bestias y soñaba con tener un hijo que siguiese sus pasos. Le he decepcionado al escoger la medicina de los hombres, pero el asunto de los toros de lidia siempre me ha asustado; me horrorizan las corridas de toros, lo que, en un andaluz, es inadmisible. No habría soportado nunca cuidar animales que sabía destinados a la masacre. Ocupo mi tiempo de aficiones y de vacaciones a herborizar, a descubrir rocas, minerales de hierro, de plata, de cobre de los que la montaña es rica, porque aquí los filones afloran en todas partes. Ya que me ofrecen hospitalidad esta no-

123

che, aprovecharé mañana para visitar los alrededores del pueblo antes de bajar al valle.

Durante la cena de los montañeses, se retomó la conversación y al levantarse de la mesa, el joven estudiante había conquistado a todos los habitantes de la Feriba. Miguel se dejó ganar como los otros por el encanto del bello andaluz, que tomó sitio entre los hombres en el banco en el rincón de la chimenea. Tía Anna ofreció al grupo una infusión de tila perfumada con anís, y de repente pareció inquieta, porque María, aquejada de un ataque de tos, tenía las mejillas encendidas y los ojos brillantes y rodeados de un contorno que parecía de mal augurio. Isabel delante de las brasas friccionaba la cabellera opulenta, todavía húmeda por el baño forzoso en el Noguera, y peinaba a su hija mientras que Miguel recibía la orden de proveer el calentador de brasas ardientes y subirlo a la habitación de su prima. Tuvo no obstante un momento de duda y de rabia muda: ¿Quién llevaría a María a su cama? No poseía él los brazos sólidos y la talla flexible del extranjero, siendo María casi tan grande como su primo este no podría pretender llevar a cabo esa proeza. Bajó rápidamente, con riesgo de romperse el cuello, después de haber deslizado el calentador en la cama de María. No quería perderse ni una palabra de lo que decía el andaluz, sus parientes acababan de beber su anisete esperando que el pantalón y las botas del joven estudiante estuvieran completamente secos.

—Creo yo —aconsejó este último— que podremos instalar a esta jovencita en su cama, se calentará más deprisa. Las habitaciones están arriba, ¿verdad, señora? ¿Quiere que lleve ahí a su hija? Estoy acostumbrado a

124

manejar a los heridos en el hospital, y ella es ligera como un pájaro.

Miguel esperaba ese momento con la rabia en el corazón. Vio a su prima levantar los ojos con admiración sobre el futuro médico, que se inclinó para tomarla en sus brazos.

—Todavía tenemos fiebre pequeña —dijo él, volviéndose hacia sus padres—. En casos como este, ¿cómo tratáis aquí las personas, sin el socorro de la ciencia?

—Todos nuestros remedios se preparan con plantas de las montañas —explicó Manuel—, las mujeres hacen cataplasmas de harina de mostaza, que aplicamos bajo la planta de los pies para atraer la sangre y eso despeja el cerebro.

—Cuando la tisana esté lista, háganla subir; y tú, ábrenos las puertas y condúcenos a la habitación de tu hermana, por favor.

—María no es mi hermana, señor. Con todo el debido respeto, es mi prima, pero sigue siendo lo mismo, y ella dormirá en mi habitación, puesto que le hemos dado a usted su cama; yo tengo la costumbre de dormir en el colchón de hojas de maíz.

María se irguió y con voz llena de cólera dijo:

—Yo soy la que mando, Miguel. A partir de hoy, ya te lo he dicho, quiero dormir en la habitación de tía Anna. Lleva el calentador a la otra cama, tengo frío —añadió. Todos sus miembros temblaban, no de frío, sino porque no quería dar la impresión de ser mandada por ese campesino de Miguel delante del elegante extranjero, tan cortés.

Con un abrazo más dulce, este último apretó el helado cuerpo de la joven sobreviviente, y cuando Isabel hubo desnudado a su hija, le cogió la delgada muñeca.

—Hemos cogido una buena congestión y la temperatura sube.

Miguel trajo la tisana y pidió a Isabel que fuera a reunirse con tía Anna, que la esperaba para abrevar el ganado.

—Voy a volver enseguida, Miguel, quédate al lado de nuestro huésped, haz algo útil —dijo mamá.

María hablaba sola con voz débil y quejumbrosa, quería ignorar la presencia de Miguel. Se volvió hacia el joven, que seguía sosteniendo su pequeña mano en la suya.

—¿Cómo te llamas? —le preguntó ella; y, al no recibir respuesta—: ¿Por qué no me contestas? ¿Cómo quieres que te diga donde me duele?

—Yo lo que quiero es que te duermas antes de que me acueste también yo.

—No podré dormirme si no me dices tu nombre.

—Me llamo Celio; ahora tienes que obedecerme, duérmete enseguida, María.

Ella se enderezó sobre su codo.

—Es bonito, Celio, Celio... —dijo repitiendo su nombre muchas veces entre sus labios, sonriéndole.

—Venga, hay que dormir, pequeña María. Vendré dentro de un momento para ver si vas mejor.

—Quédate todavía un poco más, Celio, Miguel ha bajado, no me dejes sola. Cuando cierro los ojos, siento que el agua del Noguera me arrastra. No te puedes marchar mañana, ¿verdad, Celio? ¿Quién me curará? He enfermado dentro del agua helada, no quiero morir, y además... —no pudo acabar la frase. Las palabras sin secuencia se escapaban de sus labios; la subida de la fiebre le provocó una crisis de tos y se ahogaba...

Él separó los cabellos inundados de sudor y le costó trabajo mantener a la pequeña enferma en su cama.

Cuando terminó su trabajo, Isabel subió de nuevo junto a su hija y prometió quedarse en la cabecera. Celio le pidió que le llamara si María empeoraba. Entró en la habitación vecina y se tiró sobre su cama, vencido por el sueño.

Miguel, en el otro extremo de la estancia, dormía, o más bien simulaba que dormía. Vigilaba los menores movimientos de ese extranjero al que todos admiraban como un ángel bajado del cielo para hacer milagros, y al que detestaba desde las primeras horas de su llegada a la Feriba, e incluso desde su primera aparición al borde del río.

Isabel veló a su hija toda la noche y, por la mañana, el joven estudiante vino a reencontrarla seguido de Miguel, que entró en la sala sin saludar ni al extranjero ni a su tía. Se acercó a la cama donde María aún dormía, después fue a sentarse en un rincón de la estancia, de la que no se movió en todo el día.

En los campos continuaba el trabajo. A pesar de la inquietud de sus padres, la enfermedad seguía su curso, casi contenida por los atentos cuidados del "médico sin título" que no podía abandonar a esas pobres gentes sin ayuda, y dispensaba toda su ciencia con devoción. Durante muchos días María guardó cama. El joven, durante dos días, en sus salidas alrededor del Noguera fue a visitar a las familias y vendó algunas heridas. En la Feriba la inquietud se calmó.

Las vacaciones tocaban a su fin, Celio tenía prisa por volver junto a los suyos. El cielo se cubría de nubes color ceniza, y un fresco viento que soplaba del norte hacía revolotear las hojas muertas y hacer caer de lo alto de las ramas los nidos abandonados la última primavera. Recolectadas las castañas, solo les quedaban a las ardillas las bellotas para sus reservas del invierno. Los búhos buscaban gimiendo un refugio para la mala estación, entre las vigas y la paja de los tejados.

Al día siguiente de la siembra, Anna y Juan pusieron la albarda a la mula para bajar de nuevo al valle, puesto que el invierno se mostraba precoz. Miguel, presuroso de ir al encuentro de sus camaradas de clase algunas semanas antes del accidente de María, encontraba ahora mil y una excusas para no volver con su tía a Gessa. Se esforzaba en ser conciliador con Celio, pero María no le manifestaba ningún reconocimiento, y le daba la limosna de una mínima sonrisa, lo que exasperaba su despecho. No quería dejar sola a mamá Isabel, y juró que no bajaría al valle sin su prima. Miguel no se tranquilizó hasta que vio desaparecer la mula sobre la otra orilla del Noguera.

Celio bajaba todas las mañanas llevando en sus brazos a la joven, que todavía no podía apoyarse sobre su pie dolorido. Pasaban largos ratos charlando mientras los padres trabajaban en los campos.

128

Una bruma espesa invadía todo el valle y los picos próximos a Montgarri se habían encapuchado de nieve durante la última noche. Los lobos no tardarían en bajar.

Después de la marcha de tío Juan y de Anna, Miguel se lanzó al cuello de María con una alegría desordenada.

—Se han marchado, estamos tranquilos y no me arrepiento de haberme quedado, mi pequeña María.

Esta le repelió.

—¿Te has vuelto loco? Déjame, estoy todavía enferma, el doctor prohíbe que me mueva y tú vienes a sacudirme como un saco de nueces. Habrías hecho mejor en marcharte. El maestro te pondrá al final de la clase, a la cola, y eso estará bien.

—El "doctor", el "doctor", solo tienes esa palabra en los labios, te habrías curado también sola. ¿Es que hemos necesitado de él en el pueblo, hasta el día de hoy?

Estas últimas palabras fueron paradas en su garganta por un magistral bofetón que le propinó María, enderezada, furiosa, sobre su silla. En ese mismo momento Celio entró sacudiendo su capa, porque la nieve empezaba a caer.

—¡Llego en el momento oportuno! ¿Crees, imprudente, que es razonable apoyarte sobre el tobillo herido? ¿Qué ha pasado? ¿Por qué has abofeteado a Miguel?

Este último, fuera de sí, vejado, humillado, salió haciendo golpear la puerta sin decir palabra. María rompió en sollozos.

—No llores, pequeña, vas a volver a enfermar; ahora que estamos solos, cuéntame lo que ha pasado. Yo sé que

Miguel te quiere mucho, y que tú no te has portado bien con él sin duda alguna.

—Yo ya no lo quiero, está celoso de todos los que se me acercan. Tengo que acordarme de que tú me has salvado la vida y que has sido bueno para mí. Esto no lo podré olvidar nunca.

—Sí, hay que olvidar, mi pequeña María, estás casi curada y yo tengo que volver; he sido feliz entre vosotros durante estos días, y voy a echar de menos a la genial Maritchou. Le he prometido a tu padre que volveré el próximo año para cazar el urogallo. Encontraré entonces a una joven más razonable y más bonita en su hogar.

—Oh, Celio, ¡qué me importa el próximo año! Vas a dejarme; estaba convencida de que esperarías a mi curación, está tan lejos tu país... Me has dicho que allí brotan hermosas flores y que estas cubren las paredes de los jardines y los patios. Estoy celosa de las muchachas que admiras, que bailan vestidas con hermosos vestidos, y de tus caballos, que tienen los pies más ligeros que los nuestros. Y además es tan feo todo lo nuestro y somos tan pobres... ¿Cómo has podido complacerme y quedarte? ¡Oh, Celio, no tengo ninguna esperanza de volverte a ver! Estoy segura de que no volverás nunca más. Pero si no mantienes tu promesa, marcharé tras de ti y te iré a buscar hasta España, y no volveré nunca más a Montgarri. Oh, Celio, llévame contigo, seré tu sirvienta y no te abandonaré nunca. Te quiero, es necesario que tengas piedad de mí.

María, agitada por los sollozos, acariciaba las manos de su amigo, trastornado a la vista de ese pobre ser en llanto. Se inclinó y acarició los bucles de sus cabellos y su lisa frente.

—Prométeme que no saldrás esta noche, estoy triste cuando estás lejos de la casa. Habrá un gran fuego en la chimenea, cuando vuelva mamá le diremos que haga tortitas de trigo negro.

Para evitar responder, Celio apretó contra él el pequeño rostro confiado; la emoción acabó ganándole.

No era posible que esa criatura que no conocía nada de la vida tuviera unos sentimientos que se parecían mucho al amor; los expresaba con palabras tiernas que no había oído nunca por boca de otras jóvenes de Andalucía, de naturaleza caprichosa y fresca; sus ojos sombríos, de mirada inocente y pura e inundados de lágrimas lo preocupaban.

Continuaba apretando el cuerpo tembloroso acurrucado entre sus brazos de hombre. Consciente y respetuoso con la hospitalidad, procuró no aportar traumas al corazón de la adolescente. ¡Ay!, negarlo era reconocer las primeras emociones que sintió delante de su pequeño cuerpo, que se evadía apenas de la crisálida de la infancia. ¿De dónde le venía ese encanto? Ella le parecía entre su gente una pepita de oro perdida en ese pueblo de la prehistoria cuya ganga se derritió al calor de un primer amor. Ahora que María se encontraba mejor, ¿por qué se retrasaba en la Feriba cuando sus padres y sus profesores esperaban su regreso con inquietud? ¿Era el corazón que traicionaba la razón? El invierno le dejaría todavía algunos días de respiro, algunas semanas de gracia. Miraba intensamente la dulce cara de María, que, con los párpados cerrados, reposaba feliz en el hueco de su hombro...

De pronto ella se levantó:

131

—Llévame a la habitación, Celio, quisiera dormir.

Al mismo instante, su padre entró en la habitación y sacudió su capucha cubierta de copos de nieve sobre las brasas de la chimenea, donde las llamas ascendían crepitando.

—La nieve ya está aquí, señor, cuando el fuego quema tan fuerte, es signo de mal tiempo. Tengo serias inquietudes con respecto a usted. Sería ya hora de bajar antes de la gran tormenta que se prepara en las cimas para los próximos días.

Celio se levantó vivamente y fue a abrir la puerta para dar un vistazo inquieto sobre el lado de la Maladeta, pero no veía a más de veinte metros. Una ráfaga de viento lo empujó contra la pared y le costó mucho trabajo cerrarla de nuevo.

La nieve pasaba en torbellino por delante de los cristales de la ventana. Los rebaños de ovejas y cabras, atizados por los pastores, corrían a meterse en los establos. Los caballos y las mulas con la crin empolvada resoplaban relinchando. Isabel y Celio abrieron todos los establos cercanos preguntándose si faltaría algún animal a la llamada. La nieve recubría ya la paja en los tejados y no se distinguía nada a algunos centenares de metros de distancia.

Detrás de las ventanas empañadas, Celio y su anfitrión, inquietos, se miraban a hurtadillas.

—¿Cree usted que la tempestad va a durar? —preguntaba el estudiante.

Manuel asintió con la cabeza.

—Tengo miedo de que sea demasiado tarde, señor: hemos cometido una imprudencia, tendríamos que ha-

132

berle advertido más pronto. Pero ¿quién puede saberlo? Es la primera nevada; es posible que la nieve no se asiente; en ese caso, usted podría intentar ganar el valle. Entonces debe partir sin retraso, de lo contrario quedará encerrado en Montgarri hasta los primeros días de la primavera y el invierno no es alegre en nuestros hogares...

María, disgustada, escuchaba a su padre que hablaba sagazmente, como siempre, y agarrándose al brazo de Celio dijo, angustiada:

—No hace falta que te vayas, nadie se atreverá a salir del pueblo con un tiempo tan malo.

—Cállate, María, nuestro amigo no es un niño y tú no debes hablarle así. Si tu madre te oyese, se enfadaría.

—Mi pequeña niña —reanudó el joven vacilante—, no puedo esperar más, en mi casa se deben inquietar: la facultad ha abierto sus puertas, y es preciso que intente volver a pesar de todo. Tu padre me da un sabio consejo porque tiene experiencia de la montaña. Prefiero partir, aunque tenga que arrepentirme.

—Me habías prometido esperar a que estuviera curada y pudiera andar. Oh, padre, ve a buscar a mamá, ella sabrá hablar mejor que nosotros y hacer razonar a Celio.

No pudiendo hacer entrar en razón a la joven testaruda, Manuel fue a encontrar a Isabel.

Cuando estuvieron solos, la joven, desesperada, se inclinó hacia su amigo.

—Es demasiado tarde, Celio, estoy segura de que te alcanzará una desgracia, y yo me mataré si te traen aquí muerto de frío. Si te vas yo te seguiré. Encontraré el rastro sobre la nieve y nos perderemos los dos. Nadie se interna en la garganta del Noguera durante el invierno; los que lo han intentado no han vuelto nunca. ¡Oh, Celio, escúchame, no te vayas, no me abandones!

En un impulso de ternura, Celio apretó en sus brazos a la jovencita que le imploraba y prometió con una caricia que se quedaría, esperando una improbable mejoría. María sonrió a través de sus lágrimas y puso sus labios en la mejilla de su amigo.

Todos los habitantes de la Feriba reencontraron el hogar con los trabajos interrumpidos, esperando una mejora.

En la gran cocina ensombrecida, la criada alimentaba la lumbre con astillas resinosas. Las llamas ligeras ahuyentaban las sombras de los más pequeños rincones de la estancia. Miguel venía del establo y traía bajo su esclavina a Paloma, la corderita de María. Dejó la pequeña oveja delante de su prima esperando tal vez hacerse perdonar. Pero esta no tuvo para él más que una mirada indiferente. Él observó en la cara de Celio signos que le parecieron inequívocos: sus ojos brillaban y una sombra de sonrisa arrugaba la comisura de sus labios. Horrorosamente humillado por el bofetón que había recibido, no quería quedarse ni un solo día más y decidió bruscamente bajar al valle para reencontrarse con su madre. Volviéndose hacia el joven y llevándolo a un lado, se volvió persuasivo.

—Nosotros podríamos marchar, señor, si la nieve no ha caído todavía muy abajo. Aquí hay demasiada, el viento la amontona contra las paredes y las rocas. Si usted está decidido, yo le espero y saldremos de casa mañana al alba. Le pediremos a Manuel que guarde el secreto para no inquietar a las mujeres.

134

María, que había aguzado el oído y entendido el sentido de la conversación de los dos muchachos, se descorazonó. Ese Miguel destruía todo su trabajo e iba a influenciar la decisión de Celio. Bruscamente, ella volvió a la carga.

—¡Os estáis volviendo los dos locos: marchar así bajo la tormenta! Mi padre no os permitirá cometer tal imprudencia. Él dijo que ahora era demasiado tarde.

Celio no había abandonado la ventana y miraba cómo bailaban los copos que nivelaban ya la calle. Miguel se le aproximó y a media voz le interpeló:

—Le aconseja quedarse en Montgarri, señor. ¿Va a hacer caso a un capricho de María? Yo voy a partir y si usted está decidido seremos dos. Con las mulas no tenemos nada que temer, de lo contrario marcharé solo.

Miguel sentía que esa era su venganza. Los celos ahogaban en él cualquier otro sentimiento desde la llegada de ese ciudadano que sabía muy bien tornarse indispensable y por el que María experimentaba una atracción incomprensible: si Celio rechazaba dejar el pueblo, Miguel se quedaría también porque conocía los peligros a los que se exponían. De ahora en adelante no podría soportar ser a cada minuto testigo de la felicidad y la alegría de los dos amigos. Experimentaba una angustia tal que crecía cada día. Por todos los medios intentaría arrastrar al joven estudiante para que le siguiera, lejos de María para siempre.

Celio, con la mirada perdida en el torbellino de nieve, atenazado entre sus deberes y el terrible deseo de quedarse junto a María, dudaba todavía. Esperaba una señal favorable. Miguel, bajo el pretexto de vigilar la evolución del tiempo, se acercó de nuevo a Celio y retomó sus argumentos. Conduciendo a este último al establo donde Manuel e Isabel cuidaban a los terneros, insistió con mamá y acabó por persuadir a su tío y a su tía.

Celio, no obstante los riesgos que comportaba este asunto, tenía que partir. Los padres, a pesar de sus aprensiones, debieron ceder con la condición sin embargo de que el tiempo amainara durante la noche. Los audaces jóvenes decidieron bajar pese a todo, pero no hablarían de ese proyecto a María.

Para ahogar sus remordimientos y tal vez para no ver llorar a su pequeña enferma, Celio se mostró como el más tierno, el más paciente de los compañeros. Miguel escuchaba ansioso la conversación entre María y su amigo. La joven, por todos los medios, intentaba todavía frustrar los planes de su primo.

A la mañana siguiente, un rincón de cielo azul se desgarró entre las cimas, ahí arriba, a más de tres mil metros de altitud, dejando filtrar un rayo de sol que entraba por los cristales y hacía brillar los candelabros de hielo a lo largo de la paja de los tejados. Miguel, al despertarse, no podía creer lo que veían sus ojos. La suerte les favorecía... Celio, que ya había bajado, bebía un bol de leche. Con los ojos llenos de lágrimas, Isabel les colmaba de atenciones mientras que su marido disimulaba más mal que bien su emoción. Su esposa llenaba la mochila de montaña de víveres para el camino. Las mulas llevarían las maletas de los jóvenes y sus atuendos. Miguel se felicitaba por su decisión y Celio compartía su confianza.

A la salida del sol, el viento del sur soplaba brusca- mente y fundía la nieve sobre el camino. Ya que los dos jóvenes obstinados decidieron partir, y que se esperaba una mejora, Isabel aconsejó a su marido que los acompa- ñara hasta los límites del pueblo. Se colocaron los equi- pajes más embarazosos sobre las dos mulas, porque las bestias deberían llevar también a los viajeros en los pasajes peligrosos. Manuel, con las cejas fruncidas, vio encima de los picos algunas nubes que, aun pareciéndole insignifi- cantes, no dejaron de inquietarle. El tiempo cambia muy rápido en la montaña, de tal forma que hasta los guías y los habitantes de los pueblos se pueden ver sorprendidos por la tempestad.

Celio marchó, con el alma y el corazón aligerados. Antes de bajar, había deslizado una pequeña carta bajo la almohada de María, que todavía dormía. "Promesa de volver en primavera". Le pedía perdón por esa marcha precipitada, pero razonable, y esperaba que su joven ami- ga no le olvidara y comprendiera que no podía actuar de otra forma.

Después de haber atravesado el puente del Noguera en el límite de los campos, Manuel los dejó y siguió con la mirada durante mucho tiempo a las dos monturas. Se dio la vuelta y lanzó un último vistazo a los oscurecidos picos, luego retomó el camino con aire de preocupación.

Después de haber hecho una breve aparición, el sol se escondió y Manuel se reprochaba el no haber tenido la suficiente autoridad para retener a los imprudentes. Las mochilas copiosamente surtidas de víveres serían una gran ayuda para ellos. Isabel mientras tanto rezaba a Dios para que el cielo les fuera propicio. Las mulas conocían los caminos, que Miguel no había atravesado nunca en tiempo de nieve. En cuanto a Celio, cuyas piernas parecían de acero, no estaba demasiado preocupado; Manuel permaneció de pie bajo el paso de la puerta, los ojos y los oídos vigilantes, escuchando los crujidos del hielo sobre el tejado de pizarras en el establo, el gemido todavía ligero del viento de nieve, el bramido sordo de las bestias que sentían llegar la tempestad. Llamó a su mujer:

—Mira cómo los pavos salvajes vuelan bajo al lado de los pastos, reman en contra del viento. Si las ocas y los patos pasan esta noche es signo de que la tempestad va a desencadenarse. Dentro de una hora e incluso antes, "va a soplar". En la cocina la chimenea humea y por eso solo se adivina el acercamiento de la borrasca.

Dentro de la casa, en la habitación donde nadie se atrevía a ir a despertar a María, una ventana se abrió dulcemente sobre los vastos horizontes de las cimas y el camino. La joven, hundida, con la carta de Celio entre las manos, gimoteaba. Las lágrimas inundaban su rostro.

La había abandonado sin decirle adiós. Únicamente la pequeña misiva era una promesa, pero era muy poca cosa, algo que no podía prometer nada. Decidida a actuar, a pesar del tiempo y de sus padres a los que iba a sumergir en la inquietud, María, temblando toda ella, cerró la ventana y se vistió. Deslizó la carta de Celio en el bolsillo de su capa de invierno, se calzó sus botas y esperó a que su padre y su madre salieran para ir a cuidar las caballerías en el establo. Después bajó y atravesó deprisa la cocina desierta. Fuera, el viento se reforzaba y algunos copos de nieve bailaban por encima de las cabañas. A ras de las paredes, corrió de un tirón, cojeando un poco hasta el puente del Noguera. María reparó en las señales de las mulas apenas visibles sobre la nieve, que entonces caía ya en grandes copos. Pensó que los dos jóvenes no deberían estar demasiado lejos; sería necesario alcanzarles y obligarles a volver. Las huellas y el propio camino desaparecían bajo un dosel uniformemente blanco. Avanzaba llamándoles. El viento se llevaba su voz y arrojaba sobre su rostro sus largos cabellos sobre los que la nieve sembraba perlas. A pesar de sus ojos inundados de lágrimas y el dolor que atenazaba de nuevo su tobillo apenas curado, marchaba entre la niebla cada vez más espesa que disimulaba y oscurecía el valle. Las huellas habían desaparecido totalmente, pero era necesario alcanzar a Celio. Bajar más deprisa por las pendientes rápidas, las que bordeaban los precipicios. ¿Qué ventaja le llevaban ellos? No tenía ni la más pequeña idea. Un árbol a algunos pasos de ella se abatió bruscamente bajo los primeros golpes de la tempestad que barría las rocas y el bosque. Rechinando los dientes, mojada hasta los huesos, comprendió que no los alcanzaría, y se deslizó en la anfractuosidad de una roca que le ofrecía un flaco refugio para albergarse y esperar un improbable socorro. Había hecho ya gran parte del camino, y el pueblo se perdía ahí arriba, muy lejos ahora detrás de la cortina de nubes.

* * *

Hacía más de una hora que Celio y Miguel progresaban con mil dificultades. Las mulas resoplaban y se confundían enloquecidas por la borrasca furiosa, desobedeciendo a los jóvenes que no tenían la costumbre de conducirlas. Miguel empezaba a lamentar haber tomado el camino con este tiempo tan incierto; Celio lo animaba y para conducir mejor las mulas intranquilas, decidieron montar y apretar fuerte los bocados, porque los animales se mostraban más y más nerviosos. Los obligaron a marchar al paso. De pronto, un enorme tejón salió bruscamente de un matorral bajo los pies de la mula de Celio, esta se encabritó asustada y con un golpe de grupa descabalgó a su jinete, que fue a rodar diez metros más abajo, en la quebrada por donde discurría un riachuelo. La mula hizo inmediatamente media vuelta y retomó el camino en sentido contrario para volver a Montgarri. Miguel, medio muerto de miedo, ató su montura a un abeto y se precipitó lo más rápidamente que pudo para alcanzar a su compañero. Este, aturdido por la caída, intentó levantarse, a pesar de los horribles dolores de las heridas.

La sangre brotaba por una brecha sobre su pierna y enrojecía la nieve. Miguel, enloquecido, lo arrastró hasta lo alto del talud después de muchos esfuerzos; vendó al herido, que le daba consejos, y lo subió sobre la segunda bestia. Había que alcanzar costara lo que costara el hospital, porque Celio se debilitaba muy deprisa, sus palabras no eran más que un murmullo.

Al caer la noche avistaron un gran pueblo señalado por el resplandor de las lámparas eléctricas. Retomando coraje, Miguel, tirando de la brida llegó al pueblo de Lles y entró en el patio de la primera casa que le salió al paso. Al oír sus gritos los habitantes acudieron y llamaron al hospital por teléfono. Un médico prodigó allí mismo los primeros auxilios y condujo al herido al hospital. Más tranquilo, Miguel pensó entonces en su familia, que ahí arriba en Montgarri viendo entrar de nuevo una de sus mulas, sola, podían imaginar lo peor. Sabía que era necesario tranquilizarlos lo más rápido posible. Al día siguiente a primera hora, llevó la segunda bestia al sendero del pueblo. Ató un pequeño saco al cuello del animal que contenía una carta en la que el doctor explicaba el accidente. Imitando a su compañera, la bestia retomó alegremente el camino del establo.

La tempestad se calmó, y se podía ver de nuevo sobre las cimas nevadas los glaciares que brillaban en el azul del cielo. Todos los hombres del pueblo, alertados por los padres, se pusieron inmediatamente en camino para buscar a María. Descubrieron a la joven bajo el abrigo de una roca; había perdido el conocimiento y la llevaron temblorosa y mojada a la Feriba.

Isabel, enloquecida, instaló una cama improvisada al lado del fuego, en la cocina. Con los pobres medios de su pequeña reserva de medicamentos, cuidó a su hija, y pasó días y noches en la cabecera de su cama, para arrancarla a la muerte. A pesar del cansancio y las vigilias, tenía que ayudar a su marido y dedicarse también a las tareas del hogar. El invierno se instaló como para hacer estragos hasta el fin de los tiempos, lo que aumentó la preocupación de los habitantes del pobre pueblo. El tejado de paja de tres casuchas se hundió bajo el peso de la nieve: la de los Cabau, de los Laurens y el refugio del viejo Antón, que resistió todavía menos que los otros. Todos debieron huir en plena noche, bajo los torbellinos de viento helado, para refugiarse en las dos o tres casas todavía indemnes, obligados a abandonar sus pertenencias bajo la capa de tres a cuatro metros de nieve. Los desgraciados sufrían por sus establos, pero los tejados de estos, construidos con piedras llanas imbricadas, ofrecían más resistencia al peso del hielo.

El viejo Antón no podía resignarse a abandonar a sus huéspedes piojosos, cada vez más numerosos, y lloraba como un niño. Hubo que llevarlo a la fuerza a casa de Manuel, donde el sitio no faltaba. Se le dio la habitación de arriba, la que habían ocupado Celio y Miguel. Todos los días uno de los perros o un gato excavaba la nieve bajo los escombros de la casucha de Antón y venía a reencontrar a su viejo dueño. Pronto la casa de Isabel se convirtió en el refugio de las pobres bestias.

María recobró poco a poco las fuerzas, y en el pueblo de casas desmanteladas y desiertas los últimos habitantes, presas del pánico, se reunían y llevaban a sus enfermos alrededor del hogar de Isabel. A fuerza de cuidados y coraje, proporcionaba a todos ellos un poco de esperanza bajo el calor de un techo.

Un día, un grupo de espeleólogos venido de Francia que se había perdido en la montaña llegó al anochecer para pedir asilo en casa de Manuel. El jefe del grupo, muy reputado, se llamaba Norbert Casteret. Este último entretuvo a la joven enferma con historias de sus exploraciones en las cuevas. Su conversación era tan cautivadora que ella olvidó su tristeza. Hicieron acostar a los hombres muertos de cansancio en el suelo, cuatro sobre dos colchones. María se acuerda todavía de esa interesante visita.

Intentaba olvidar su dolor de adolescente en medio de todas esas desgraciadas gentes y, aunque no hablaba nunca de ese joven viajero, soñaba con él todas las noches, contaba los días de ese interminable invierno, a final del cual tendría al fin noticias de Celio, ya que había sido cuidado en Vielha y la carta del médico aseguraba formalmente que el joven podría regresar a Murcia después de algunas semanas de cuidados en el hospital. La joven conservaba esa carta. Una mañana, cuando el viejo Antón escogía para el estofado de los refugiados las últimas judías donde ya los gorgojos habían mordido lo mejor, Isabel anunció que la primavera mostraba ya "su nariz". La "piedra de los perdidos" salía de su sudario de hielo y Paella, la perra preferida de Antón, acababa de dar a luz a cuatro cachorros durante la noche, lo que efectivamente evidenciaba el cambio de estación. María observó que la nieve se fundía ante las ventanas y que el calor del sol primaveral, infiltrándose en la estancia, deshelaba los cristales que la escarcha recubría desde hacía meses.

—Antón —gritó ella—, ven a ver, las águilas revolotean ya en el cielo por encima del pueblo. Las golondrinas vuelven de Andalucía y van muy pronto a atravesar España para construir sus nidos en Francia.

El recuerdo de las conversaciones que había tenido con Celio le volvía sin cesar a la memoria. Se acercó a su viejo compañero:

—Me guardarás el secreto que voy a confiarte, Antón. Debes prometerme no decírselo nunca a nadie: bajaré a Vielha con padre cuando no haya hielo en el camino. Iré al hospital y le pediré al médico que curó a Celio que me hable de él.

Las noticias del estudiante no interesaban para nada al viejo, que tenía otro tipo de inquietudes más graves, y asintió con la cabeza.

143

—Mi pequeña Maruja, yo también tengo que hacerte una confidencia que no deberías escuchar y de la que no hablarás nunca más, "entendido y comprendido, Inch Allah".

—Oh, ya sé lo que vas a decirme. La otra noche se creían que dormía, pero en realidad me estaba haciendo la dormida; oía a Cabau que anunciaba a mi padre que las cuatro últimas familias del prado del Noguera se iban, y dejaban Montgarri para siempre. Decía a mis padres que los jóvenes se dejan encantar por los espíritus de "ahí abajo" que les atraen. Los viejos no pueden trabajar más los campos ellos solos. Las cosechas disminuyen y pronto no podremos cazar, porque la pólvora va muy cara.

—Pero lo que no te han dicho, hija mía, es que tus padres han decidido marchar también, y vender la Feriba al Ayuntamiento de Lles. Isabel está loca de alegría; tu padre no está contento. Sus antepasados están enterrados ahí arriba en el pequeño cementerio donde hubiera querido reposar junto a ellos. Ha comprendido que tiene que abandonar el pueblo a riesgo de quedarse solo y sin ninguna ayuda para su familia. Cinco casas están ya vacías, tres se quemaron la noche de la fiesta de la Virgen, el 15 de agosto; y solo queda la vuestra. Tu padre habla de dejar España porque le han propuesto trabajo en Francia, no muy lejos de la frontera. Nuestra patria no acoge a ninguno de sus hijos, falta el trabajo.

María no podía creer una sola palabra de esa inverosímil historia. Su padre, al frente de una de las más antiguas familias que habitaban Montgarri desde la noche de los tiempos, no podía abandonar su querida casa. Los viejos creían, por transmisión oral, que eran los últimos descendientes de los guerreros sarracenos que pusieron pie en estas montañas aisladas y fundaron el pueblo. María se enfadó sonrojándose contra el buen Antón, le trató de mentiroso y, sin esperar más, subió a su habitación y se arrojó en su cama gimoteando. Después reflexionó: ¿y si esa cosa horrible se hacía realidad? Pues bien, si todos se iban, ella se quedaría escondida en el momento de la partida... Deslizando la mano bajo el colchón de hojas de maíz de su pequeña cama, sacó la carta de Celio, su más preciado tesoro, que se obligaba a releer solo por la noche, cuando todo se volvía calma y silencio en la gran casa que recogía bajo su techo a los habitantes de las casuchas vecinas. Todos ahora hablaban de abandonar esta tierra y sus rocas inhóspitas. Se sentó al lado de la ventana y releyó por centésima vez la pequeña frase de esperanza, que la animaba a no dejar el pueblo hasta la vuelta de Celio. No podía faltar a su promesa, esperaría a su querido amor...

La primavera cantaba en las montañas. Los hombres, que habían salido a primera hora, aportaban una abundante caza: los urogallos, a los que el aparejamiento tornaba locos, dejaban que se les acercaran y los mataban como vulgares pollos. Las liebres, hartas de hierba tierna y de brotes nuevos, se quedaban adormecidas delante de las madrigueras. Todo el bosque resonaba ya con los cantos de los pájaros; los nidos colgaban de las altas ramas de las hayas. Los niños iban a recoger y llenaban cestos de fresas que cubrían la tierra de los matorrales con un tapiz escarlata.

María, con mirada asombrada, el corazón enfermo, salía por su parte sola, seguida de Paloma. La oveja perseguía a Balère, que no siempre esquivaba los cabezazos que le propinaba jugando su compañera de paseo. Pobre Balère, se mostraba tan triste como su dueña, a la cual veía a menudo envuelta en lágrimas cuando salían al campo. De su ojo apagado, se escapó una lágrima que secó el cariñoso dedo de María.

Los hombres habían llevado los caballos a la última feria de Vielha y no trajeron ni uno de vuelta, porque los vendían sin importar el precio, sin regatear. Los animales abandonaban para siempre sus montañas de olorosas hierbas. En otro tiempo, infatigables, saltaban a través de las rocas, iban a beber en la corriente del Noguera. Esta vez irían a reencontrar los llanos y el valle, donde sus nuevos dueños se verían obligados a domar duramente con el látigo a este rebaño medio salvaje. Balère parecía sorprendido al encontrar el establo vacío, a pesar de las explicaciones que le daba María. Realmente era necesario que ella aliviara su corazón y el pobre perro la comprendía, estaba persuadida de ello. Ahora debía prepararse para la marcha. Los huéspedes del invierno se habían marchado, empujando delante de ellos algunas ovejas habían ganado el sendero que descendía hacia Vielha. Quedaban entonces solos los habitantes de la Feriba. María, angustiada, pasaba los días sentada al pie de la "piedra de los perdidos" y triscaba alguna vez hasta la cima para vigilar los cuatro rincones de la montaña. Sería por aquí que volvería él para llevársela en sus brazos y conducirla a Andalucía. Sus sueños de cada noche mantenían la pequeña llama de esperanza. Se estremecía al menor ruido, cerraba los ojos y esperaba, simulando que dormía, echada sobre la hierba tierna y perfumada, con el corazón latiendo

146

fuertemente. Seguramente Balère ladraría si se acercaba el viajero, al que reconocería. Ella escuchaba... pero Balère permanecía tumbado y mudo sobre la roca tibia y nada parecía inquietar al animal. Tal vez mañana... y retomaba, con el corazón lleno de esperanza, el camino de la Feriba.

En la montaña reinaba un gran silencio turbado solamente por los sonidos y el eco familiar de las esquilas de las bestias en los pastos, así como por el canto de los pinzones migratorios que se reunían al igual que las golondrinas para atravesar en cerrados vuelos las altas cumbres y ganar el valle más hospitalario. Llegado de algún pueblo lejano, el tintineo de las campanas ascendía con el aire de la noche en ligeras ondas.

Los días transcurrían uno tras otro, la hora de la gran marcha se acercaba. Todos tomaban parte en la mudanza. Isabel sostenía la moral de Manuel, decidiendo, ella sola, lo que debía llevarse o abandonar. María, incapaz de ayudarla, contenía con pena su dolor. El viejo Antón había ahogado las crías de las gatas y de la perra. No se podía llevar consigo tantos animales, bocas inútiles. El día de la separación de los hombres de sus casas llegó, ineluctable, con un bello sol, un cielo azul, donde todo cantaba en los prados y en los bosques de abetos, como queriendo convertir esa marcha definitiva en algo aún más triste y doloroso para el corazón de los exiliados.

Manuel había preparado las dos últimas mulas, cargadas de sus pobres pertenencias y de algunos muebles que tenía en mayor aprecio. Daba prisa a su gente, la voz enronquecida por la emoción, el rostro congestionado, los ojos enrojecidos. Dio una última vuelta alrededor de la casa. Isabel se había apegado a ella a lo largo de los años, y lloraba con amargas lágrimas que enjuagaba furtivamente. Cada rincón de la vieja casa le traía a la memoria un recuerdo de su vida de joven esposa. ¡Había sufrido tanto para habituarse a la existencia penosa del pueblo! Algunos recuerdos quedaban en las estancias vacías de los niños: la cuna demasiado voluminosa, donde todos los niños desde hacía cien años habían dormido hasta Miguel, María y su hermano pequeño. Había que abandonar todas esas cosas, y también los viejos armarios que parecían anclados en el espesor de las paredes para siempre. Pero esa eternidad, que siempre estaba a la merced de alguna catástrofe, se acababa para los últimos habitantes. Las sartenes usadas a más no poder, el *cremalh* que quedaba colgado en la piedra de granito ennegrecida por los innumerables leños quemados bajo la campana de la chimenea, y cuyos anillos chirriaban, quemados y requemados por el fuego de cinco o seis generaciones, y los bancos que no se habían movido nunca de su sitio, situados a cada lado del hogar... Cerró la puerta de la cocina suavemente para no despertar los recuerdos más queridos que dejaba enterrados para siempre.

Antón la seguía paso a paso, maldiciendo contra el cielo, y contra Alá, que no había hecho nada para impedir esta deserción de la tierra de los ancestros. El perro gemía, lamiendo la mano de María, cuya palidez asustaba a Isabel. La pequeña, apretando los dientes, no queriendo dejar entrever su pena, se dirigió a su fiel Balère.

—Ves, ya no lloro más, no es necesario que me consuelen, volveré con él y tú nos acompañarás.

Le parecía menos penoso dejar la Feriba ahora que conjuraba la suerte con esas dos palabras "con él". Espe-

148

raban todos en la calle y seguían con los ojos a Manuel, el último en dejar su casa. Dio la vuelta lentamente a la gruesa llave que crujía en la cerradura con un sonido tan familiar que María después de tantos años la oye todavía resonar en sus oídos.

Isabel ató las bolsas a las espaldas de los emigrantes y se puso al frente de la pequeña tropa, a lo largo de la desierta calle donde, dentro de las casas abandonadas, detrás de las contraventanas cerradas, quedaban tantos recuerdos en la sombra, como murciélagos, agarrados a los viejos muros. La familia marchaba hacia lo desconocido. Lejos detrás de los suyos, Manuel se paró sobre el puente del Noguera. Abajo, el agua burbujeaba, clara y azul entre las rocas, para precipitarse cantando hacia el valle. Volvió sus ojos empañados de lágrimas. ¡El Noguera! Debía las mejores alegrías de su juventud a esa agua donde sus ancestros habían calmado su sed y alrededor de la cual habían construido las pobres casas del pueblo para oír el cántico del agua viva, a la sombra de la iglesia cuyas campanas quedaban mudas, faltas de cura y de tabernáculo.

Ahí arriba, bajo el sol o bajo la nieve, durante los largos inviernos ninguna humareda se elevará nunca más por encima de las chimeneas... Veía todavía el tejado de la Feriba, la más alta, la más sólida de las casas, plantada en medio de las casuchas, con el tejado de paja como un orgulloso protector. El fuego no se había apagado nunca bajo la campana de la cocina, desde la creación del pueblo. Como el sacerdote sopla la llama sagrada de las velas de cera amarilla sobre el altar, el dueño había recubierto esta mañana las últimas brasas con cenizas olorosas. La mano ligera de Isabel no reanimaría más la llama ances-

149

tral, en la madrugada, antes de la salida del sol, para calentar la leche de los niños y el caldo de los trabajadores. Manuel pasó el reverso de la manga por sus ojos y, sin volverse, atravesó el rústico puente, lentamente. Uno de los leños redondos de madera gemía cada vez que el paso de los hombres lo pisaba y como Manuel llevaba una pesada carga, el crujido más sonoro le emocionó profundamente. Su mano callosa acarició el tronco de árbol pulido de la barandilla, y se apresuró para alcanzar a los demás. La valiente Isabel arrastraba a su pequeña familia y regañaba a los remolones. Antón reencontró sus piernas de cuando tenía veinte años. Durante el descanso del mediodía, cada uno recibió su hogaza de pan y de carne todavía caliente. Seguían el curso del río y llenaron de nuevo sus botellas con antelación, para que el agua se calentara. Después retomaron el camino.

Entre los claros de los árboles, se descubría ya el fondo del valle, el camino azul que serpenteaba entre las rocas caídas de las morrenas de los glaciares, y el otro camino, el de los hombres, que se acercaba y se separaba del río Garona como un juego y sobre el cual unos "insectos brillantes" circulaban, paraban, subían y bajaban seguidos por una nube de humo negro escapado de sus entrañas. Manuel, más sereno, percibió otros tejados de donde se elevaban humaredas vivas, y de pronto todo el pueblo apareció: Vielha en lo alto colgado en la altura, Vielha "de abajo", de donde emergía el campanario de la iglesia al borde del río Garona.

Después, el cabeza de familia dirigió a los suyos hacia la casa donde tía Anna, en el pueblo de Gessa, esperaba ansiosa desde la mañana a los viajeros. Miguel se lanzó al cuello de Isabel y olvidando su rencor, ayudó a María a descargar los equipajes. Esta únicamente tenía una prisa irresistible: hacerse contar el viaje y el accidente de Celio. No tendría apenas tiempo para ir al hospital como había decidido, pero su primo con muchos detalles la tranquilizó y se mostró muy amable y locuaz puesto que tampoco no había nada que temer entre Celio y su prima. Abajo, el alboroto de las conversaciones de los vecinos y de algunos parientes que bebían y comían, hizo olvidar un poco la pena. Leyeron en voz alta las cartas llegadas de Francia en las que se ofrecía el coste del viaje a Manuel y a su familia; se esperaba sin retraso a los nuevos aparceros en la granja del doctor Sarramont, un hombre bueno y un médico competente, muy estimado en la región.

Después de haber hecho preparar los pasaportes para Francia, Manuel fue a depositar en manos del alcalde la vieja llave: el hierro pulido por tantas manos brillaba como la plata. Ultimada la venta de la casa de Montgarri, el dueño y su familia siguieron con mucha aprensión a tía Anna. En la plaza, a la sombra de los plátanos, un enorme autobús rojo y amarillo, escupiendo humo y con todos sus cristales vibrando, esperaba a los últimos viajeros para arrancar.

En el remolque compartimentado, María hizo subir a Paloma, cuyos balidos le rompían el corazón. El chofer autorizó que Balère se quedara acostado bajo el asiento, con la condición de que lo tuviera atado. La carretera que bordeaba el precipicio por donde corría el río Garona, encajado entre dos acantilados de roca, estaba llena de baches, y María se agarraba desesperadamente al brazo de su padre; su hermano pequeño asustado escondía su rostro contra el pecho de Isabel. El autobús tambaleante tuvo que pararse antes de la frontera para reparar una rueda. Luego, después de haber pasado el puente del Rei, con sus barandillas de mármol blanco, encontró por el lado francés una hermosa carretera alquitranada. Pasada la aduana sin tropiezos, todos se sintieron menos inquietos. El conductor anunciaba el nombre de los pueblos que atravesaban, pero no bajaba nadie. Después llegaron a la estación terminal para los pobres exiliados.

Los niños, reunidos alrededor de su padre, apretando las cestas y las bolsas, esperaban al borde del camino. Enseguida un hombre se presentó preguntando por el responsable de la familia Cónsul. Condujo a los viajeros, tímidos e incómodos por sus tristes vestidos, a una hermosa casa de campo. Cerca de allí, la casa del propietario se mostraba apartada, lejos de los cobertizos, en medio de bellos jardines y de viñas. La vivienda reservada a los sirvientes, acogedora y clara, alegró el corazón de Isabel. Le parecía a la joven mujer que el aire que respiraba tenía los aromas de su juventud, y llenaba con ellos sus pulmones con embriaguez. Instaló enseguida su pequeño mundo. María corría por las habitaciones provistas de muebles asombrosos, cuya mayor parte habían sido traídos de China por el anciano médico, y que estaban al cuidado de un chico coreano que su dueño había adoptado, siendo un niño, en el "país de las mañanas en calma".

Balère y Paloma les seguían, haciendo inventario de su nuevo reino. Manuel hablaba muy bien del patrón de la hacienda, que les trataba con bondad a él y a su familia.

Después de algún tiempo, sobrevino una aflicción grande para todos: se habló de enviar a María a trabajar en el pueblo vecino, en otra granja. Tomada la decisión, le prometieron que podría volver a menudo para visitar a los suyos. ¡Qué le importaba a ella estar aquí o allí! Guardaba en su interior la esperanza de reencontrar a Celio. Como una astilla dolorosa y secreta, el recuerdo de su amigo penetraba cada día más profundamente en su corazón.

El tiempo pasaba, la pequeña montañesa salvaje y tierna pareció amansarse y empezó a hablar bien el francés. Volvió al colegio durante el invierno y obtuvo el certificado de estudios.

Un poco soñadora, pero con el corazón dispuesto a la acción, revivió como esa planta del desierto, la rosa de Jericó, que renace después de años de sequía, cuando una gota de agua cae del cielo. María estaba a mi servicio desde hacía algunos meses, cuando decidí ir a acampar al otro lado de la frontera.

Ese viaje le encantó: y desde que se sintió en tierra española, se quitó las sandalias para gozar mejor de la sensación que experimentaba al pisar la tierra donde había nacido. Sus ojos brillaban con un destello inesperado cuando dirigió su mirada hacia los montes de la Maladeta, y soñaba en voz alta:

—Me gustaría volver una vez más ahí arriba, para ver de nuevo nuestra casa. Tal vez Celio haya vuelto, sin saber que todos los habitantes han abandonado el pueblo. Tal vez haya dejado una carta bajo la puerta. Me gustaría tanto saberlo...

Pero le faltó valor y he prometido que un día llevaré a Marinette en un viaje hasta Murcia, donce quizá tengamos la suerte o la desgracia de encontrar al primer amor de mi pequeña sirvienta de corazón fiel y desconsolado.

DECLARACIÓN DE LOS RESPONSABLES DE LA PRESENTE TRADUCCIÓN

Conocedores de la obligación de obtener de los derechohabientes de la autora la correspondiente autorización y el devengo, en su caso, de los derechos de autor a su favor,

MANIFIESTAN:

1. Que han realizado todo tipo de gestiones para su localización, como: a) Anuncios en la prensa de Saint Gaudens y Toulouse. b) Contactos y gestiones con dos personas que en su día estuvieron al servicio de la autora.

2. Que se han dirigido por escrito a la Sociéte de Gens de Lettres de Francia poniendo en su conocimiento la intención de publicar la traducción, y solicitando información y ayuda para la localización de los derechohabientes, sin obtener ninguna respuesta.

3. Que la presente edición se realiza sin ánimo de lucro con la única intención de dar a conocer la forma de vida de una pequeña comunidad de los Pirineos araneses anclada en el pasado, en pleno siglo xx, por su interés etnológico y antropológico.

En Vielha, abril de 2025

Índice